BestMasters

Mit **„BestMasters“** zeichnet Springer die besten Masterarbeiten aus, die an renommierten Hochschulen in Deutschland, Österreich und der Schweiz entstanden sind. Die mit Höchstnote ausgezeichneten Arbeiten wurden durch Gutachter zur Veröffentlichung empfohlen und behandeln aktuelle Themen aus unterschiedlichen Fachgebieten der Naturwissenschaften, Psychologie, Sozialwissenschaften, Technik und Wirtschaftswissenschaften. Die Reihe wendet sich an Praktiker und Wissenschaftler gleichermaßen und soll insbesondere auch Nachwuchswissenschaftlern Orientierung geben.

Springer awards **“BestMasters”** to the best master’s theses which have been completed at renowned Universities in Germany, Austria, and Switzerland. The studies received highest marks and were recommended for publication by supervisors. They address current issues from various fields of research in natural sciences, psychology, social sciences, technology, and economics. The series addresses practitioners as well as scientists and, in particular, offers guidance for early stage researchers.

Nastasja Alexandra Brecht

Deepfakes und generative Künstliche Intelligenz in der Medienbranche

Innovationspotenziale, Herausforderungen und ethische Implikationen für die Content-Produktion der Zukunft

Springer Gabler

Nastasja Alexandra Brecht
Fachbereich Betriebswirtschaftslehre,
insbesondere Medienmanagement
Universität Siegen
Siegen, Deutschland

ISSN 2625-3577 ISSN 2625-3615 (electronic)
BestMasters
ISBN 978-3-658-50524-0 ISBN 978-3-658-50525-7 (eBook)
https://doi.org/10.1007/978-3-658-50525-7

Die Deutsche Nationalbibliothek verzeichnet diese Publikation in der Deutschen Nationalbibliografie; detaillierte bibliografische Daten sind im Internet über https://portal.dnb.de abrufbar.

Planung/Lektorat: Karina Kowatsch
Springer Gabler ist ein Imprint der eingetragenen Gesellschaft Springer Fachmedien Wiesbaden GmbH und ist ein Teil von Springer Nature.
Die Anschrift der Gesellschaft ist: Abraham-Lincoln-Str. 46, 65189 Wiesbaden, Germany

Inhaltsverzeichnis

Abkürzungsverzeichnis

AI	Artificial Intelligence
CGI	Computer-generated Imagery
CNN	Convolutional Neural Network
DL	Deep Learning
GAN	Generative Adversarial Networks
GenAI	Generative Artificial Intelligence
GPT	Generative Pre-trained Transformer
KI	Künstliche Intelligenz
KNN	Künstliche neuronale Netze
LLM	Large Language Models
LM	Language Models
ML	Machine Learning
NLP	Natural Language Processing
NPT	Neural Performance Toolset
RNN	Recurrent Neural Network
SVS	Singing Voice Synthesis
TNN	Tiefe neuronale Netze
TTS	Text-to-Speech
VAE	Variational Autoencoder
VFX	Visual Effects

Problemstellung 1

Kaum eine technologische Entwicklung der letzten Jahre erfährt ein vergleichbares Maß an sowohl öffentlicher als auch wissenschaftlicher Aufmerksamkeit wie die Künstliche Intelligenz (KI). Das gesellschaftliche Interesse an der Technologie ist hierbei gleichermaßen von Skepsis, Kritik und Ablehnung sowie Neugier, Offenheit und Begeisterung geprägt. Während sich die Vorteile der intelligenten Systeme in Form nützlicher Alltagshelfer und technischer Gimmicks zunehmend in der Öffentlichkeit etablieren, wird insbesondere ihre kommerzielle Nutzung weiterhin kritisch hinterfragt (Büchel/Engler 2024, S. 4–5; Wecke 2024, S. 1–2).

Die Erstellung vollständig neuer und origineller Inhalte sowie realistischer Abbildungen synthetischer Menschen durch generative Künstliche Intelligenz (GenAI) und Deepfake-Technologien eröffnet vielfältige neue Potenziale für zahlreiche Wirtschaftssektoren (Raemy/Puppis/Gurr 2024, S. 205–206; Wecke 2024, S. 13–15). Besonders deutlich zeigt sich die disruptive Wirkung der Technologie in der Medienbranche, deren zentrale Wertschöpfung auf der Produktion informativer und unterhaltsamer medialer Schrift-, Bild-, Video- und Audio-Inhalte basiert (Hegelich/Hegelich/Caswell 2022, S. 4–5; Wirtz 2023, S. 15).

Neben zeitsparenden Automatisierungsprozessen und Unterstützung bei der Datenverarbeitung wächst besonders die Entwicklung kreativer und qualitativ hochwertiger Inhalte mit stetig steigender Geschwindigkeit an (Aleessawi/Alzubi 2024, S. 47–49; Wecke 2024, S. 7). Der Einsatz dieser Technologien schafft durch seine innovativen Vorgehensweisen enormes Potenzial und steigert die Effizienz, bringt jedoch auch unterschiedliche Herausforderungen mit sich. Etablierte Produktionsprozesse verändern sich grundlegend und auch die Authentizität und Glaubwürdigkeit medialer Inhalte werden zunehmend infrage gestellt, wodurch das Vertrauen und die Akzeptanz der Konsumentinnen und Konsumenten beeinflusst werden. Zudem entstehen neue rechtliche und ethische Herausforderungen. Die fortschreitenden Entwicklungen fordern ein kritisches

N. A. Brecht, *Deepfakes und generative Künstliche Intelligenz in der Medienbranche*, BestMasters, https://doi.org/10.1007/978-3-658-50525-7_1

und reflektiertes Umdenken im Umgang mit der Technologie von Unternehmen, Medienschaffenden und der Gesellschaft (Schmidt 2023, S. 65–72; Wecke 2024, S. 1–2).

Das Ziel dieser Arbeit ist es, die Innovationspotenziale, Herausforderungen und ethischen Implikationen von generativer Künstlicher Intelligenz und Deepfake-Technologien für die zukünftige Content-Produktion der Medienbranche zu identifizieren. Darauf aufbauend werden betriebswissenschaftliche Potenziale und Risiken analysiert, um Strategien für eine nachhaltige Implementierung der Technologie zu entwickeln, mit dem Ziel Wettbewerbsvorteile zu realisieren und Wertschöpfungsprozesse zu stärken, ohne ethische und rechtliche Grenzen zu überschreiten.

Hierzu wurde im Vorfeld eine systematische Literaturrecherche durchgeführt. Die Fachliteratur wurde über Google Scholar, Scopus und EBSCO Host gesucht. Für die Suche wurden Such-strings aus zwei Komponenten definiert. Die erste Komponente bezog sich auf die KI-Technologien; hierzu wurden die Begriffe generative Künstliche Intelligenz und Deepfake in verschiedenen Schreibweisen (Deepfakes, Deep Fake, Deep-Fake, …), Abkürzungen (KI, GenAI, AI, …) sowie Umschreibungen und Synonyme (synthetische Medien, LLMs, …) in Verbindung mit (AND) umschreibenden und erklärenden Begriffen für Medienbranche und ihre Anwendungsgebiete (Medien, Journalismus, Text, …) gesucht. Die Suche wurde sowohl in deutscher als auch in englischer Sprache durchgeführt. Der Suchradius umfasste Artikel ab 2022, da in diesem Jahr durch die Veröffentlichung von ChatGPT die neue KI-Ära ihren Anfang nahm (Wecke 2024, S. 3; Ashry 2024). Der Fokus wurde jedoch auf Literatur von 2024 und 2025 gelegt, um der Aktualität und der Entwicklungsgeschwindigkeit der Thematik gerecht zu werden.

Kapitel drei gibt einen Überblick über den derzeitigen Stand der Technik, mögliche Anwendungsweisen und innovative Modellarchitekturen für die Medienindustrie. Hierzu werden die Artikel nach neu entwickelten Modellen und Systemen sowie thematisch passenden Studien untersucht. Zudem werden Innovationspotenziale und Herausforderungen entnommen und ihren Anwendungsbereichen entsprechend kategorisiert. Bei Bedarf werden informative Beispiele aus Branchenblogs, Online-Tageszeitungen oder den Webseiten der KI-Modelle genutzt, um die Fachliteratur inhaltlich zu unterstützen.

Kapitel vier greift die aus Kapitel drei erlangten Informationen wieder auf. Im ersten Teil wird hierzu auf ethische Implikationen und gesellschaftliche Auswirkungen eingegangen. Hierbei Themen wie die Kreativität der Maschine und Akzeptanz der Gesellschaft untersucht, um eine weitere Grundlage für die folgende betriebswirtschaftliche Analyse zu bilden. Im zweiten

Abschnitt des vierten Kapitels werden die gewonnenen Erkenntnisse anhand einer Wertschöpfungsketten-Analyse, einer VRIO-Analyse und einer PESTEL-Analyse untersucht, um Wettbewerbsvorteile und externe Auswirkungen darzustellen. Darauf aufbauend werden Strategien für eine nachhaltige Integration der generativen Künstlichen Intelligenz und Deepfake Technologien in Medienunternehmen entwickelt.

Grundlagen Künstlicher Intelligenz in der Medienbranche

2

2.1 Entwicklung und Bedeutung der Künstlichen Intelligenz in der Medienbranche

Unaufhaltsam schreitet die Entwicklung der Künstlichen Intelligenz in den letzten Jahren voran und etabliert sich zunehmend als prägendes und allumfassendes Element im Alltag von Menschen und Unternehmen. Der erhebliche Fortschritt der vergangenen Jahre macht sie zu einem zentralen Bestandteil der digitalen Transformation der Medienbranche (Schmidt 2023, S. 65). In der Erstellung informativer und unterhaltsamer Inhalte in Schrift, Bild, Audio und Video überschneiden sich die Fähigkeiten der KI mit den Wertschöpfungsprozessen der Medienunternehmen (Hegelich/Hegelich/Caswell 2022, S. 4–5; Wirtz 2023, S. 15). Insbesondere Branchenbereiche wie Journalismus, Moderation, Film- und Serienproduktion, digitale Spiele und Musikproduktion erleben den Wandel von einfachen diskriminativen KI-Modellen hin zu moderner generativer Künstlichen Intelligenz unmittelbar mit, da die stetige Weiterentwicklung die Content-Produktion der Gegenwart zunehmend einnimmt und formt (Müller-Lietzkow 2020, S. 212–218; Gromov 2023).

Begann die Revolution der Künstlichen Intelligenz zwar erst durch die Veröffentlichung von ChatGPT am 30. November 2022 und damit schließlich auch die Umbrüche in der Medienbranche und vielen anderen Unternehmenszweigen, ist sie bereits seit Mitte des zwanzigsten Jahrhunderts als eigenständige Wissenschaft anzusehen (Ertel 2021, S. 6; Weßels 2022). Wichtige theoretische Grundlagen, wie Neuronale Netze, wurden bereits in den 1940-er Jahren entwickelt (Buxmann/Schmidt 2021, S. 7). Trotzdem zählen die 1950er als die Geburtsjahre der Technologie, die 1956 das erste Mal als Artificial Intelligence (AI) bezeichnet wurde (Buxmann/Schmidt 2021, S. 4; Mainzer 2019, S. 20). Zu dieser Zeit entstanden

N. A. Brecht, *Deepfakes und generative Künstliche Intelligenz in der Medienbranche*, BestMasters, https://doi.org/10.1007/978-3-658-50525-7_2

durch die Verarbeitung natürlicher Sprache (NLP; Natural Language Processing) auch die Grundlagen der ersten Sprachmodelle (LM; Language Models) (Krauss 2023, S. 163–164).

Große Erwartungen und wenig Fortschritt verliehen den letzten zwei Dekaden des zwanzigsten Jahrhunderts jedoch den Namen „KI-Winter“ (Humm/Buxmann/Schmidt 2022, S. 14). Dennoch wurden während der Jahrtausendwende und mit dem damaligen Entwicklungsstand der Computertechnologie essenzielle Grundlagen für maschinelles Lernen (ML) und Deep Learning (DL) geschaffen, wodurch die Leistungs- und Anpassungsfähigkeit der nötigen Algorithmen verbessert wurde. Diese Technologien gelten als Schlüsseltechnologien der modernen KI und bilden das Fundament zahlreicher Anwendungen, die unter anderem auch die Medienbranche bereichern (Buxmann/Schmidt 2021, S. 7–9; Gethmann et al. 2022, S. 7).

In Form von einfachen algorithmischen Prozessen und regelbasierten Systemen zur Textanalyse und Sprachverarbeitung hielt die Künstliche Intelligenz Einzug in die Medienbranche. Bereits in den späten 1990er-Jahren gab es in großen Medienkonzernen, wie dem kanadischen Unternehmen Thomson Reuters, erste Berührungspunkte und Anwendungsversuche. Mit CaRE im Jahr 2001 und Dexter im Jahr 2006 entwickelte der Konzern auf maschinellem Lernen basierende Algorithmen zur Extraktion, Klassifizierung und Zusammenfassung von Nachrichten und Dokumenten und nutzt diese seit 2011 (Van Dalen 2012, S. 648; Thomson Reuters 2024). Zeitgleich entstanden die ersten KI-generierten Nachrichten. Die amerikanische Firma Automated Insights erzeugte automatisch Berichterstattungen aus rohem Sport-Datenmaterial. Bereits im Jahr 2011 wurden auf diese Weise über 100.000 Berichte veröffentlicht. Das Unternehmen erweiterte sein Spektrum auf Finanzen, Wetter und Immobilien, betreibt inzwischen unzählige automatisierte Apps und Websites und entwickelte Wordsmith, ein Natural Language Generation Tool für die automatische Datenanalyse für Unternehmen. Automated Insights zählt hierdurch als Pionier des Roboterjournalismus (Saenz 2011; Techcrunch 2011; Van Dalen 2012, S. 648–647; Rolando 2021).

In Form von Sprachassistenten, Gesichtserkennungssystemen oder auch Übersetzungsprogrammen etablierte sich die KI-Technologie unbemerkt, aber sukzessiv, in unserem Alltag (Humm/Buxmann/Schmidt 2022, S. 14–15). Als Durchbruch für die kreativen Sektoren gilt jedoch die Vorstellung der Generative Adversarial Networks (GAN) durch Goodfellow et al. (2014, S. 1–8) im Jahr 2014. Diese trieb die Entwicklung der generativen Künstlichen Intelligenz und damit das Vordringen in die Medienbranche durch die neuen Möglichkeiten, insbesondere der visuellen Inhaltsgenerierung, enorm an (Ertel 2021, S. 333–338).

Die Text-zu-Bild-Generierung war durch die stetige Verbesserung der zugrundeliegenden GAN- und Deep-Learning-Algorithmen bereits drei Jahre später in der Lage, fotorealistische Bilder zu erstellen (Goodfellow et al. 2020, S. 143). Auf Basis dieser Grundlagen entstanden im Jahr 2017 ebenfalls die ersten Deepfakes. Der namensgebende User „Deepfake" der Internetplattform Reddit nutzte die Gesichter berühmter Frauen, um mit diesen pornografische Inhalte zu erstellen. Hierdurch entstand vorerst ein verzerrtes Bild der Technologie, deren Grundlage durch die realistische Erzeugung von Bild- und Audioinhalten großes Potenzial für die Filmbranche und auch andere Mediensektoren mit sich bringt (Chadha et al. 2020, S. 55–7558).

Die Entwicklung der Deepfake-Algorithmen und der Transformer trieb ebenfalls den Fortschritt der Sprachmodelle in Richtung der Large Language Models (LLM) voran. 2019 entstand GPT-2, der Generative Pre-trained Transformer von OpenAI. Dieser wurde jedoch erst im folgenden Jahr, in der erweiterten Form GPT-3, der Öffentlichkeit zur Verfügung gestellt. Die Modelle waren bereits in der Lage, unter richtiger Bedienung vollständige Texte zu formulieren. Allerdings löste erst die Veröffentlichung des benutzerfreundlichen ChatGPT im November 2022 den KI-Boom aus und zählte somit als Beginn der neuen KI-Ära (Krauss 2023, S. 163–164; Statista 2023a, S. 4; Ashry 2024; OpenAI 2025a).

Der unaufhaltsame Fortschritt der Künstlichen Intelligenz und die damit einhergehenden Auswirkungen auf die Medienproduktion steigern die Bedeutung der Technologie in der Medienbranche stetig. Steigerung der Effizienz, Förderung von Kreativität und innovative Anwendungen in Content-Erstellungsprozessen durch Textgenerierungstools sowie automatisierte Bild- und Videoproduktion zählen zu den Potenzialen, die die KI mit sich bringt. Veränderungen machen sich nicht nur in den Inhalten an sich, sondern besonders in der Art der Produktion und des Konsums bemerkbar. Ein verantwortungsvoller Umgang mit der Technologie sowie ein Verständnis für die Technologie und die damit verbundenen ethischen und rechtlichen Rahmenbedingungen gelten als entscheidende Faktoren für eine nachhaltige Integration in die Medienbranche (IT-P 2024; Maier 2024). Arweck (2023, S. 449) beschreibt die Produktion „schnellerer Ergebnisse in besserer Qualität mit weniger Aufwand" als die Motivation zur Nutzung Künstlicher Intelligenz in der Medienbranche.

2.2 Technologische Grundlagen und Anwendungsfelder

2.2.1 Grundlagen und technologische Hintergründe generativer Künstlicher Intelligenz

Künstliche Intelligenz lässt sich als die „Fähigkeit von Computersystemen, auf sie zugeschnittene Aufgaben selbstständig zu lösen, die aufgrund ihrer Komplexität bislang menschliche Fähigkeiten erforderten" definieren (Gethmann et al. 2022, S. 8). Hierbei ist die KI in diskriminative und generative Modelle zu unterscheiden. Diskriminative oder auch regelbasierte Systeme sind in der Lage, Datensätze zu analysieren und zu interpretieren, aber hierbei keine neuen Inhalte zu erstellen. Die generative KI erstellt komplexe und einzigartige synthetische Inhalte in Form von Text, Bild, Video oder Audio, ohne existierende Materialien direkt zu kopieren oder nachzuahmen (Gromov 2023; Wecke 2024, S. 5–8). Computer entwickeln sich somit von Rechenmaschinen zu lernenden und denkenden Robotern. Inhalte generativer KI zeugen von Originalität und Kreativität, Eigenschaften, die bislang ausschließlich menschlichen Schöpfungen zugeschrieben wurden (Krauss 2023, S. 153–154; Ashwini et al. 2024, S. 1).

Aus technischer Sicht basiert die generative Künstliche Intelligenz auf den Prinzipien des Maschinellen Lernens und des Deep Learnings und grenzt sich durch ihre innovativen Anwendungsweisen von der traditionellen KI ab (Wecke 2024, S. 7). Das maschinelle Lernen umfasst ein Konstrukt aus ML-Algorithmen, künstlichen neuronalen Netzen (KNN) und tiefen neuronalen Netzen (TNN) (Janiesch/Zschech/Heinrich 2021, S. 687). Hierbei werden die ML-Algorithmen mithilfe von Trainingsdaten geschult, um selbstständig Zusammenhänge von Datensätzen erkennen und hieraus Erfahrungen zu gewinnen, die sie auf weitere Probleme anwenden können. Das bedeutet, der Software wird nicht mehr erklärt, was sie tun soll, sondern es wird ihr die Logik, Lösungen zu entwickeln, gelehrt (Buxmann/Schmidt 2021, S. 9). Auf diese Weise lernt der Computer durch Differenzieren und Wiederholen, verschiedene Objekte zu erkennen und zu unterscheiden (Safar 2022).

Deep Learning ist ein komplexeres Konzept des maschinellen Lernens, das auf dem mehrschichtigen System der tiefen neuronalen Netze basiert und auch als Kernfähigkeit des Netzwerks bezeichnet wird (Janiesch/Zschech/Heinrich 2021, S. 685–688). Die neuronalen Netze simulieren den menschlichen Denkprozess und bestehen aus in Ebenen organisierten, miteinander verbundenen Knoten (Neuronen) und Kanten (Synapsen). Ein Input wird in das System der neuronalen Netze gegeben und erzeugt über die Synapsen, Kanten und versteckten

Schichten eine Output-Einheit. Das System lernt durch die Speicherung aller Auswirkungen und Assoziationen während des Durchlaufs (Buxmann/Schmidt 2021, S. 14–15; Wecke 2024, S. 8). Die tiefen neuronalen Netze grenzen sich hierbei durch ein mehrlagiges, tief ineinander verwobenes Netzwerk aus mehreren versteckten Schichten von den einfachen flachen KNN ab. Die TNN und damit das Deep Learning sind in der Lage, komplexe Zusammenhänge, wie Bilder oder Sprache, zu verstehen und ermöglichen hierdurch die Generierung aufwendiger Inhalte (Janiesch/Zsech/Heinrich 2021, S. 687–688).

Das Convolutional Neural Network (CNN, faltendes neuronales Netz) und das Recurrent Neural Network (RNN, rückgekoppeltes neuronales Netz) sind Spezialformen des TNN, unterstützen Deep Learning- Modelle und erweitern deren Funktionsweise. CNN sind in der Lage, effizient große Datenmengen zu verarbeiten und sind speziell für die Verarbeitung visueller Daten entwickelt worden. RNN sind für sequenzielle und zeitabhängige Daten entwickelt worden und spezialisieren sich auf Sprachverarbeitung oder auch die Erzeugung synthetischer Musik (Ertel 2021, S. 325–335; Idrees 2024). Die tiefen neuronalen Netze zur Generierung von generativer KI können in verschiedene Modelltypen unterschieden werden, die sich durch ihre Qualitäten und Spezialisierungen voneinander abgrenzen.

Generative Adversarial Networks (GANs) wurden im Jahr 2014 speziell zur Bild- und Videogenerierung entwickelt und machten es zum ersten Mal möglich, fotorealistische Bilder und Gesichter zu erzeugen (Goodfellow et al. 2014, S. 1–7). Ein GAN besteht aus zwei konkurrierenden KNN, einem Generator und einem Diskriminator. Der Generator erzeugt Daten wie Bilder, und der Diskriminator überprüft, wie real diese aussehen (Ertel 2021, S. 335–338). Goodfellow et al. (2014, S. 1) nutzen zur Beschreibung dessen eine Analogie von Falschgeld-Herstellenden (Generator) und Polizistinnen und Polizisten (Diskriminator), die ihre Methoden immer weiter verbessern, bis das Falschgeld nicht mehr zu identifizieren ist.

Zeitgleich wurden die Variational Autoencoder (VAE) von Kingma und Welling (2013, S. 5) vorgestellt. Das System basiert auf zwei neuronalen Netzwerken, einem Encoder und einem Decoder. Der Encoder komprimiert die Merkmale der eingegebenen Daten und erzeugt so ein Kodier-System, welches vom Decoder genutzt wird, um die Darstellung neu zu generieren. Sie können zur Datenkomprimierung und Gesichtserkennung, aber auch zur Bildgeneration genutzt werden (Kingma/Welling 2013, S. 5; Bergmann/Stryker 2023; Lawton 2023).

Als Grundbausteine für Large Language Models gelten Transformer. Diese werden als Revolution der natürlichen Sprachverarbeitung beschrieben. Auf den

Transformer-Modellen basieren bekannte Sprachmodelle wie der Generative Pretrained Transformer (GPT) von OpenAI. Sie sind unter anderem in der Lage, Texte zu formulieren, Dialoge zu führen und Sprachen zu übersetzen. (Ertel 2021, S. 338–340; Raschka 2023; OpenAI 2025a). Die Technologie wurde im Jahr 2017 von Software-Ingenieuren bei Google entwickelt und basiert auf RNNs. Diese Modelle werden mit einem statistischen Sprachmodell trainiert. Die Software versucht anschließend in der Anwendung anhand der Trainingsdaten und Wahrscheinlichkeiten, das jeweils nächste Wort vorherzusagen. Hierzu nutzt sie einen „Self-Attention"-Mechanismus, der die Vorhersage durch Gewichtung nach Relevanz unterstützt (Vaswani et al. 2017, S. 1–10; Ertel, 2021, S. 339; Raschka 2023).

Die Grundlagen für moderne Diffusionsmodelle schufen Sohl-Dickstein et al. im Jahr 2015, basierend auf thermodynamischen Grundlagen (2015, S. 1–8). Ho, Jain und Abbeel entwickelten diese Theorie in ihrer Publikation „Denoising Diffusion Probabilistic Models" weiter (2020, S. 1). Bei Diffusionsmodellen handelt es sich um reine Bildgeneratoren, deren Grundlagen für die Videogeneration genutzt werden können. Die Modelle versehen ihre Trainingsdaten, welche aus Bildern bestehen, mit einem Rauschen bis diese nicht mehr zu erkennen sind, und kehren diesen Prozess im Anschluss um. Auf Grundlage des erlernten Entrauschungsprozesses kann das Modell neue Bilder mit hoher Qualität generieren (Ho/Jain/Abbeel 2020; S. 1–9; Sajid 2023).

2.2.2 Grundlagen und technologische Hintergründe von Deepfakes

2.2.2.1 Definition und technologische Grundlagen

Deepfakes sind ein spezifischer Anwendungsbereich der generativen Künstlichen Intelligenz. Pawelec und Bieß (2021, S. 15, 23) definieren sie als „eine Manipulation oder auch synthetische Erzeugung von Abbildungen, Videos und/oder Audiospuren", die mithilfe von KI-Technologien generiert und als „Teilbereich synthetischer audiovisueller Medien" klassifiziert werden. Hierbei spezialisieren sich Deepfakes oft auf die synthetische Manipulation und Generierung von Gesichtern und Stimmen (Pawelec/Bieß 2021, S. 23). In den meisten Fällen basieren Deepfakes auf existierenden Persönlichkeiten und werden dazu genutzt, diesen Personen vermeintliche Handlungen oder Äußerungen zu unterstellen, die in der Realität nicht stattgefunden haben. Jedoch können Deepfakes auch eine Abbildung einer vollständig synthetischen Person sowie neuartige und unabhängige Szenarien darstellen (Van Huijstee 2021, S. 2). Ziel ist außerdem, dass die generierten Bilder für den Betrachter nicht als Fälschung oder synthetisches Bild wahrnehmbar sind (Goyal et al. 2025, S. 1). Shen et al. (2018, S. 1) betonen die Leistungsfähigkeit der Deepfake-Technologie, die Bilder ohne die Vorgabe gepaarter Trainingsdaten generieren kann und sich damit von herkömmlichen Image-to-Image-Generatoren abgrenzt.

Die grundlegende Idee, Gesichter zu verändern, ist nicht neu. Aufwendige CGI-Technologien (Computer-generated Imagery) sind seit Jahren Teil des Methodeninventars der Filmbranche. Bereits 1997 veröffentlichten Bregler, Covell und Slaney (1997, S. 353) eine Abhandlung über das erste halbautomatisierte Gesichtsanimationssystem „Video Rewrite", welches Mundbewegungen in Videosequenzen an Tonspuren anpassen kann. Wurde hierbei zwar noch keine KI verwendet, wird das System trotzdem als Grundlage heutiger Deepfake-Technologien gesehen (Pocol et al. 2023, S. 428). Zudem können die angewandten Prozesse durch Künstliche Intelligenz um ein Vielfaches vereinfacht werden, da die Erstellung meist nicht mehr als ein gutes Computerverständnis und einen leistungsstarken Rechner benötigt (Mahmud/Sharmin 2020, S. 13–14).

Der Begriff Deepfake setzt sich aus den Komponenten Deep Learning und Fake zusammen (Chadha et al. 2020, S. 557). Insbesondere das Deep Learning zählt zu den Grundbausteinen der Deepfake-Erzeugung. Durch die Analyse von Charakteristiken und Merkmalen von Gesichtern und Stimmen sind die Technologien in der Lage, diese realistisch wirkend zu reproduzieren (Chadha et al. 2020, S. 558; Alanzai/Asif 2024, S. 50). Obwohl Methoden der Gesichtsretusche und synthetischen Bildgenerierung bereits länger existierten, etablierte sich der Begriff Deepfake im Zusammenhang mit der Künstlichen Intelligenz erst 2017. Insbesondere soziale Medien und andere, bilderbasierte Internetplattformen kurbelten die Entwicklung der Technologie an. Die unzähligen Daten an Bildmaterial, die jeden Tag auf den Plattformen hochgeladen werden, begünstigten den Zugriff der KI-Systeme auf umfangreiches Trainingsmaterial für die Weiterentwicklung der Modelle (Chadha et al. 2020, S. 557–558; Pawelec/Bieß 2021, S. 1).

Erst Fortschritte im Deep Learning machten die komplexe Generierung von Deepfakes möglich. Besonders die TNN-Klassen der GANs und Autoencoder werden zur Erstellung von Deepfakes genutzt (Alanzai/Asif 2024, S. 50). Die ersten Deepfakes entstanden durch „FakeApp", eine Applikation des Reddit-Nutzers Deepfake, basierend auf Autoencoder-Modellen, um einen sogenannten Face Swap zu ermöglichen (Malavida 2022). Hierbei wird das Gesicht einer Person auf den Körper einer anderen gesetzt. Zwei Encoder-Decoder-Paare werden genutzt, um parallel jeweils mit zwei Bildern von Gesichtern (Gesicht A und B) zu trainieren. Der Encoder wird jedoch für beide Bilder genutzt, wodurch er Zusammenhänge zwischen den Bildern feststellen kann. Bei Gesichtern wären dies beispielsweise Nase, Augen und Mund. Durch den Lernprozess ist der Autoencoder nun in der Lage, aus Gesicht A Gesicht B zu reproduzieren (Nguyen et al 2022, S. 2–3).

Bei der Nutzung von GAN-Modellen zur Erstellung von Deepfakes wird ein Datensatz an Trainingsbildern in das System gegeben. Der Generator versucht, diese so ähnlich wie möglich zu reproduzieren. Der Diskriminator sortiert die falschen und echten Bilder und gibt dem Generator Feedback zur Erstellung, bis die Falschen nicht mehr von den Echten zu unterscheiden sind (Nguyen et al. 2022, S. 3–5; Alanzai/Asif 2024, S. 50–51). Besonders die Weiterentwicklung der Technologie zu StyleGANs (Karras et al. 2017) oder CycleGANs (Shen et al. 2018) unterstützt Deepfakes in ihrer Qualität und Genauigkeit. Sie können unter anderem dazu genutzt werden, zwei Gesichter zu kombinieren und so eine Abbildung eines ganz neuen Individuums zu erstellen. StyleGANs sind besser darin, die exakten Merkmale von Gesichtern zu erkennen, Perspektiven zu verstehen und Bilderstellungsprozesse zu kontrollieren (Nguyen et al. 2022, S. 3–5; Alanzai/Asif 2024, S. 50–51).

2.2.2.2 Kategorisierung des technischen Vorgehens bei der Erstellung

Deepfakes lassen sich anhand des Medientyps und der entsprechenden Erstellungsmethode in verschiedene Kategorien einteilen. Sie können als Bilder, Audiodateien oder Videos, sowohl mit als auch ohne Ton, erzeugt werden (Chadha et al. 2020, S. 558–560). Die technische Umsetzung variiert je nach Medientyp; das Vorgehen bei Foto- und Videoinhalten ähnelt sich jedoch stark, da ein Video letztlich aus einer Abfolge einzelner Bilder besteht, die sequenziell bearbeitet werden können. Zudem unterscheiden sich Deepfake-Anwendungen hinsichtlich der bearbeitenden Bereiche. Man kann hierbei den gezielten Eingriff in spezifische Gesichtsmerkmale, das vollständige Ersetzen von Gesichtern oder Stimmen und die Manipulation ganzer Körper oder vollständige Bildausschnitte unterteilen (Van Huijstee et al. 2021, S. 7–8; Karaboga et al. 2024, S. 399–403). Eine Studie des European Parliamentary Research Service empfiehlt eine Unterteilung in Face Swap, Face Morphing, Facial Expression Manipulation, Face Generation und Full Body Puppetry (Van Huijstee et al. 2021, S. 9). Angesichts der dynamischen Entwicklung ergänzen Ebbers et al. (2024, S. 93–94) diese Liste noch um die Kategorie Text-to-Video, weisen jedoch auch darauf hin, dass diese Methode noch nicht gänzlich ausgereift ist.

Der Face Swap könnte als Deepfake-Grundlage bezeichnet werden, da auf dieser Technik, wie auch im vorhergehenden Kapitel bereits erwähnt, die ersten bekannten Deepfakes beruhen und sie am weitesten verbreitet ist (Ebbers et al.

2024 et al, S. 84; Pawelec/Bieß 2021, S. 39). Mit dem Ziel des Gesichtsaustauschs wird das Gesicht der Zielperson über ein Gesicht in einem Ausgangsbild gelegt (Ebbers et al. 2024, S. 91). Während die Grundlagen auf Bild- und Videonachbearbeitung zurückzuführen sind, entwarfen Nirkin, Keller und Hassner (2019, S. 1–3) 2019 die ersten Face-Swapping-GAN-Systeme für Echtzeit-Deepfakes (Schreiner 2022). Durch viele verschiedene Apps wie FakeApp (Malavida 2022) oder Faceswap (Faceswap 2024) ist es heute jedem mit einem Handy oder Computer möglich, Deepfakes mittels Face Swap zu erstellen.

Face Morphing oder auch Gesichtsmorphing beschreibt einen Prozess, bei dem zwei Gesichter zu einem verschmolzenen werden. Auf diese Weise kann ein Gesicht erstellt werden, welches zwei Menschen ähnelt (Ebbers et al. 2024, S. 91). Der Biometrie-Experte Prof. Dr.-Ing. Naser Damer (2024) erklärt in einem Interview mit dem Fraunhofer Institut, dass dieses Vorgehen für kriminelle Handlungen missbraucht werden kann. Auf diese Weise können gefälschte Ausweisdokumente erstellt werden, die für mehrere Personen nutzbar sind.

Facial Expression Manipulation oder auch Facial Reenactment bezeichnet das Erstellen oder die Manipulation eines Bildes oder Videos, indem der Gesichtsausdruck einer Person durch den eines Schauspielers ersetzt wird. Hierbei bleibt das Aussehen der Zielperson erhalten, während die Bewegungen im Gesicht verändert werden (Ebbers et al. 2024, S. 90). Diese Technik kann angewendet werden, um die visuelle Synchronisation in Videos anzupassen. Eine Sonderform hiervon ist der Lip Sync (Lippensynchronisation), wobei nur die Mundbewegung entsprechend an einen Ton oder eine Audioaufnahme angepasst werden (Pawelec/Bieß 2021, S. 39).

Die in Abschnitt 2.2.2.1 beschriebenen Generatoren VAE und GAN sind in der Lage, fotorealistische Bilder von Personen zu erstellen, die nie existiert haben. Diese Technik fällt unter den Begriff Face Generation oder auch Gesichtsgeneratoren. Die Erstellung neuer fiktiver Individuen kann nützlich für Storyboard-Design, Animation oder auch digitale Spiele sein (Ebbers et al. 2024, S. 92). Eine partielle Generation kann verwendet werden, um fehlende Teile des Gesichts zu ersetzen und ein vollständiges Bild zu erzeugen (Van Huijstee et al. 2021, S. 9).

Full Body Puppetry, zu Deutsch so viel wie Ganzkörperpuppenspiel, bezeichnet eine Art digitales Puppenspiel mit dem Körper einer Zielperson. Innerhalb eines vorhandenen Bildes oder Videos können einzelne Körperteile oder auch der ganze Körper in eine gewünschte Haltung gebracht werden. Auch ist es möglich, bestimmte Bewegungen ausführen zulassen. Diese können beispielsweise durch einen Schauspieler vorgegeben werden (Ebbers et al. 2024, S. 92–93). Hierdurch besteht die Möglichkeit, Schauspieler in Filmen wie professionelle Tänzer tanzen zu lassen, ohne dass ein besonderes Training nötig ist (Van Huijsten 2021, S. 9). Laufenburg (2021) beschreibt diese Technik als eine der kompliziertesten Formen der Deepfake-Generation.

Seit 2023 schreitet die Entwicklung Text-to-Video-Generatoren immer schneller voran (Ebbers 2024, S. 93–94). Video-Generatoren wie Runway sind in der Lage, nur durch die Eingabe eines Prompts, vollständige Videosequenzen zu erstellen. Das neueste Modell Runway Gen-4 kann konsistente und detailgetreue Videos in unterschiedlichen Stilrichtungen erstellen (Runway 2025a). Auch das Video-Tool Sora von OpenAI ist in der Lage, 60-sekündige, extrem realistische Videos zu erstellen (OpenAI 2024b). Obwohl die Tools noch nicht ganz ausgereift sind, können sie bereits jetzt als Innovation in der Deepfake-Erstellung gesehen werden, wodurch jedoch auch weitere Fragen bezüglich der Wahrnehmung der Technologie aufkommen.

2.2.2.3 Ambivalenz und Wahrnehmung

Deepfakes werden aufgrund ihrer Vorgeschichte, aber auch durch den Begriff „Fake", welcher unter anderem Fälschung oder Schwindel bedeuten kann, häufig mit Negativem assoziiert. Nach Mahmud und Sharmin (2020, S. 14) kann man Deepfakes jedoch nicht nur in einem negativen, sondern auch in einem positiven Rahmen verwenden und sie auch auf diese Weise kategorisieren. Derzeit verbirgt sich jedoch überwiegend „bösartige" Motivation hinter der Nutzung, da Deepfakes oftmals gegen den Willen bekannter Persönlichkeiten eingesetzt werden, um deren Identität zu stehlen und gegen sie zu verwenden (Mahmud/Sharmin 2020, S. 14).

Die negative Verwendung von Deepfakes kann auch in Form von Desinformation auftreten. Hierbei handelt es sich um absichtlich verfälschte Informationen oder Inhalte, die anderen Menschen gezielt Schaden zufügen sollen (Pawelec/Bieß 2021, S. 22). Neben ungewollten Auftritten von Schauspielerinnen wie Emma Watson oder Scarlett Johansson in pornografischen Filmclips, sorgen vor allem verfälschte Videos von Politikern für Unbehagen gegenüber der Technologie (Kietzmann et al. 2019, S. 136). Im Jahr 2017 schufen Suwajanakorn, Seitz und Kemelmacher-Shlizerman (2017) die Grundlagen für den ersten politischen Deepfake. Video- und Tonaufnahmen des ehemaligen Präsidenten Barack Obama dienten als Trainingsmaterial, um mittels Lip Syncing ein neues Video von ihm zu erzeugen. Für größeres Aufsehen sorgte aber erst im darauffolgenden Jahr ein von dem amerikanischen Medienunternehmen BuzzFeed produzierter Clip. In diesem spricht Obama über die Gefahren synthetisch generierter Videos und diffamiert als Demonstration den zu dieser Zeit amtierenden US-Präsidenten Donald Trump (BuzzFeedVideo 2018). Obama wurde hierbei jedoch durch einen mit

KI-Technologie bearbeiteten Schauspieler „gespielt“ und zeigt wie einfach die Technologie Menschen, insbesondere in politischen Angelegenheiten, täuschen kann und hierdurch weitere Gefahren entstehen können (Schiffer 2018; Pocol et al. 2023, S. 429). Pocol et al. (2023, S. 429) betonen den enormen negativen Einfluss solcher Deepfakes und die „Diskreditierung der Medien“ durch diese, da sie sich auch auf die Glaubwürdigkeit und das Vertrauen in die Medienbranche auswirken kann.

Tatsächlich war der Grundgedanke der ersten gesichtsverändernden Technologie nie bösartig, sondern sollte als Unterhaltung und technisches Gimmick dienen (Alanzai/Asif 2024, S. 56). Wird die Technologie mit guter Intention genutzt, bietet sie enormes Potenzial für viele kreative Sektoren. Insbesondere die verschiedenen Bereiche der Medienbranche, wie die Film- und Werbeindustrie (Pawelec/Bieß 2021, S. 16) oder der Gaming-Sektor (De Agostini 2020) können von Deepfakes profitieren. Deepfakes in positiver Verwendung werden häufig nur als synthetische audiovisuelle Medien bezeichnet, um die negative Konnotation zu vermeiden (Pawelec/Bieß 2021, S. 23). Dennoch ist laut Pawelec und Bieß (2021, S. 24) „der Begriff ‚Deepfake‘ […] auch für legitime und prosoziale Anwendungen weit verbreitet“ und kann demnach bedenkenlos in positiver Absicht verwendet werden. Zudem weisen Raemy, Puppis und Gurr (2024, S. 209) darauf hin, dass Deepfakes durch das Imitieren einer Person nicht die Absicht der Verbreitung von Desinformation verfolgen müssen. Unterhaltungsformen wie Comedy und Satire können von dieser Technologie profitieren, solange die Nachahmung als solche gekennzeichnet und zu erkennen ist. Zudem ist anzumerken, dass die Technologie im Grunde nicht darauf abzielt, Fälschungen realer Personen zu missbrauchen, sondern die Möglichkeit bietet, synthetisch realistische Menschen zu erstellen (Raemy/Puppis/Gurr 2024, S. 209–210).

Einen positiven Anwendungsbereich der Deepfake-Technologie konnten Clarke et al. (2023) mit ihrer Methode FakeForward demonstrieren. Die zugehörige Studie untersucht die Nutzung von Deepfakes zur Erstellung von Self-Modelling-Videos. Man kreiert hierbei Lehr- oder Trainingsvideos mit sich selbst als Protagonisten. Mithilfe von Face-Swapping-Technologien wird das eigene Gesicht auf den Körper eines Menschen gesetzt, der Profi in der zu lernenden Fähigkeit ist. Für ihre Studie wurden Sportvideos mit Cardio-Einheiten und Motivationsvideos zum freien Sprechen erstellt. Die Untersuchungen ergaben, dass die Probanden in den vorgeführten Übungen besser abschnitten und mehr Selbstvertrauen erlangten, wenn sie in den Videos als Hauptakteur dargestellt wurden (Clarke et al. 2023, S. 1–12). Die grundlegende Idee könnte auch in verschiedenen Bereichen der Medienbranche, wie der Moderation von Nachrichten oder der Personalisierung von Werbeinhalten, genutzt werden.

Unabhängig davon, ob positive oder negative Absichten hinter der Erstellung von Deepfake-Inhalten stecken, ist es entscheidend, Deepfakes von realen Bildern und Videos unterscheiden zu können. War es bei den ersten Deepfakes noch einfach diese zu erkennen, wird es mit der Entwicklung der Technologie fortwährend komplizierter (Kietzmann 2020, S. 136). Eine Studie von Pocol et al. (2023, S. 433–434) zeigt, dass es für die Probanden einfacher war, natürliche Bilder im Vergleich zu synthetisch erstellten Bildern als solche zu identifizieren. Eine Untersuchung der menschlichen Fähigkeit in der Deepfake-Erkennung bestätigte dies auch für Audio- und Videoinhalte (Diel et al. 2024). Diel et al. (2024, S. 8) merkten jedoch an, dass in Deepfake-Erkennung geschulte Menschen deutlich besser agierten und sich dies insbesondere in der Erkennung von synthetisch generiertem Videomaterial darstellte.

2.3 Rechtliche Unsicherheiten und Regulierungsbedarf

2.3.1 Verantwortung von Medienunternehmen und Herausforderungen bei der Kennzeichnung und Regulierung

Insbesondere die sozialen Medien scheinen in den letzten Monaten regelrecht von KI-Bildern und Videos überschwemmt zu werden (Samuel-Okon 2024, S. 368). Menschen, die sich mit der KI-Thematik beschäftigen, können diese in der Regel noch auf den zweiten Blick enttarnen (iProov 2025). Durch den zunehmenden Realismus der Inhalte lassen sich jedoch immer mehr Menschen täuschen. Lässt man sich durch das Video eines spielenden Tieres irreführen, könnte dies vorerst als nicht weiter tragisch wahrgenommen werden. Problematisch wird es insbesondere, wenn KIs „halluzinieren". Das bedeutet, dass die KIs Fakten erfinden und Inhalte erstellen, die falsche Informationen vermitteln. Neben absichtlicher Täuschung durch Desinformation, kann es also auch zu einer unbewussten oder unabsichtlichen Manipulation kommen (Krieger-Lamina 2025).

Studien zeigen, dass über 80 Prozent der Befragten ein Unbehagen und wenig Vertrauen gegenüber der Technologie in den Medien empfinden (Nguyen 2024). Dies ist auch branchenübergreifend bemerkbar. Insbesondere junge Menschen zeigen sich skeptisch gegenüber der Technologie in der Werbung, zudem fordern 81 Prozent der Deutschen eine Kennzeichnungspflicht (Appinio 2024). Krieger-Lamina (2025) merkt jedoch an, dass der Stellenwert für Qualitätsjournalismus aus diesen Gründen steigen könnte, zudem hofft er auf Gütesiegel und verifizierte Empfehlungssysteme, um menschliche Werke zu schützen.

Die fortschreitende Verbesserung der Qualität von KI-generierten Inhalten steigert nicht nur deren Potenzial und Nützlichkeit, sondern auch die Herausforderungen für die Medienbranche. Eine effiziente und zugleich ethisch verantwortungsvolle Nutzung der Technologie erfordert ein hohes Maß an Transparenz und moralischem Verantwortungsbewusstsein der Medienunternehmen gegenüber ihrem Publikum. Besonders in Bezug auf Cyberkriminalität, die durch GenAI und Deepfakes um ein Vielfaches vereinfacht wird, erscheinen aktuelle Regulierungen und Gesetzgebungen unzureichend (Alanzai/Asif 2024, S. 56–58). Im Sommer 2024 verabschiedete die Europäische Union die weltweit ersten einheitlichen Regeln zur Regulierung Künstlicher Intelligenz. Mit dem Beschluss im Juni 2024 wird der sogenannte AI-Act in den darauffolgenden 24 Monaten schrittweise umgesetzt.

Der Zweck der KI-VO (2024, S. 1) nach Art. 1 Abs. 1 ist es, „das Funktionieren des Binnenmarktes zu verbessern", „eine auf Menschen ausgerichtete und vertrauenswürdige Künstliche Intelligenz zu fördern", „schädliche Auswirkungen von KI-Systemen" zu unterbinden und „die Innovation zu unterstützen". Um diesen Grundlagen gerecht zu werden, führt die KI-Verordnung ein Klassifizierungssystem ein, in dem die KI-Systeme je nach Einsatzgebiet in entsprechende Risikogruppen eingeteilt werden. Mit dem Risiko der Anwendungen steigen auch die Anforderungen an Transparenz, Sicherheit und die Einhaltung von Vorschriften für Anbietende und Nutzende.

Während Systeme mit unannehmbarem Risiko verboten und Hochrisiko-KI-Systeme streng überwacht werden, können die meisten generativen Systeme zur Inhaltserstellung als „nicht risikoreich" eingestuft werden. Diese Systeme müssen eine Transparenzanforderung erfüllen. KI-generierte Inhalte müssen entsprechend gekennzeichnet werden und die Modelle dürfen nicht in der Lage sein, illegale Inhalte zu erzeugen (Bundesregierung 2024; Europäisches Parlament 2025). Artikel 50 der KI-Verordnung besagt, dass Interaktionen mit KI-Systemen durch den Anbietenden zu kennzeichnen sind (1), dass Anbietende, die synthetische Inhalte jeglicher Art erzeugen, diese kennzeichnen müssen (2), und dass Nutzende, die Deepfakes oder synthetische Texte erzeugen und veröffentlichen, diese entsprechend kennzeichnen müssen (4) (KI-VO 2024, Art. 50 Abs. 1–4, S. 82–83).

Die Regelungen zur Kennzeichnungspflicht werden voraussichtlich am 2. August 2026 in Kraft treten. Bis dahin gilt für Medienunternehmen, die bereits Inhalte mithilfe Künstlicher Intelligenz erzeugen und nutzen, sich entsprechend darauf vorzubereiten (Frotscher/Siebert 2025). Frotscher und Siebert (2025) schlagen vor, einen Überblick über die genutzten KI-Systeme und deren Risikostufen zu schaffen, Mitarbeiter ausreichend zu informieren und zu schulen sowie einen KI-Verantwortlichen zu benennen, der die Einhaltung der jeweils aktuellen Vorschriften überwacht. Zudem muss ein Plan angefertigt werden, wie Inhalte, beispielsweise durch Wasserzeichen, gekennzeichnet werden können. Um die Regulierung zu bekräftigen, sollen für Unternehmen, die dagegen verstoßen, Bußgelder verhängt werden. Diese sind abhängig von Größe und Umsatz der Unternehmen (Frotscher/Siebert 2025).

In Bezug auf Regulierungen zur Transparenz und Kennzeichnung zogen im Laufe des Jahres 2024 weitere Länder nach. In den U.S.A. gibt es derzeit noch kein allgemeines Gesetz. Einzelne Bundesstaaten sind jedoch dabei, Regelungen zu entwerfen. In Kalifornien, wo in Los Angeles und Hollywood ein wesentlicher Teil der Filmindustrie ansässig ist, sollen ab Januar 2026 Transparenzpflichten in Kraft treten (Spies 2024). Regulierungen, die sich an der Risikoeinstufung orientieren und ähnlich dem europäischen Gesetz sind, werden unter anderem in Peru, Südkorea und im U.S. Bundesstaat Colorado in naher Zukunft wirksam. Viele weitere Länder wie Kanada, Russland oder auch Brasilien beschäftigen sich aktuell mit Gesetzesentwürfen (Merle 2025).

2.3.2 Datenschutz, Urheber- und Persönlichkeitsrecht

Neben den aufkommenden Kennzeichnungs- und Regulierungspflichten führen auch Datenschutz, Urheber- und Persönlichkeitsrechte zu Unsicherheiten in Medienunternehmen. Insbesondere im Urheberrecht sind verschiedene Perspektiven zu berücksichtigen, da unzählige Datensätze, wie Text-, Bild-, Video- und Audiodateien, genutzt werden, um generative KI-Systeme zu trainieren. Zudem werden neue Inhalte erstellt, über deren Schutzrechte entschieden werden muss. Hierbei muss zwischen dem Anbietendem der KI-Systeme und dessen Trainingsvorgehen sowie den späteren Nutzenden der KI-Systeme und deren Verwendung generierter Inhalte unterschieden werden (Bundesministerium der Justiz 2024, S. 1–2). Das Urheberrecht schützt hierbei den Schöpfenden eines Werkes (Urheber; §7 UrhG) sowie dessen alleiniges Recht zur Veröffentlichung der Werke (§12 UrhG). Zudem „dient [es] der Sicherung einer angemessenen Vergütung“ bei Fremdnutzung der erstellten Inhalte (§11 UrhG).

In der bereits erwähnten KI-Verordnung des EU-Parlaments wird in Artikel 53 auf die Regularien zum Umgang mit urheberrechtlichen Daten durch die Anbietende der KI-Systeme eingegangen und eine Transparenzpflicht für diese verordnet. Diese sind verpflichtet, Trainings- und Testverfahren technisch zu dokumentieren und auf Anfrage zur Verfügung zu stellen (1a). Zudem müssen diese selbstständig Strategien entwickeln, die die Einhaltung des Urheberrechts gewährleisten (1c). Ebenso sind sie verpflichtet, eine detaillierte Zusammenfassung der Trainingsdaten öffentlich zur Verfügung zu stellen (1d) (KI-VO 2024 Art. 53 Abs. 1, S. 84). Werden mit diesen KI-Systemen Inhalte generiert, mit der Absicht diese zu veröffentlichen und kommerziell zu nutzen, muss geprüft werden, ob bereits bestehende Werke wiederzuerkennen sind. In diesem Fall muss eine Erlaubnis des Rechtsinhabers zur Verbreitung eingeholt werden. Die KI-generierten Inhalte können frei verwendet werden, wenn keine Bezüge zu anderen Werken erkenntlich sind. Zudem können Rechteinhaber ihre Werke durch eine Opting-Out-Erklärung vor der Nutzung als Trainingsdaten schützen. (Bundesministerium der Justiz 2024, S. 1–2).

Die Nutzung generativer KI zur Erzeugung vollkommen neuer Inhalte führt jedoch auch zu der Frage des Urheberrechts dieser maschinell generierten Werke (Frotscher/Siebert 2024). Um nach deutschem Recht den Schutzbereich des Urheberrechts in Anspruch nehmen zu können, müssen laut UrhG §2 Absatz 1 Satz 1–7 UrhG. „Sprachwerke“, „Lichtbildwerke“, „Filmwerke“ und „Werke der Musik“ eine „persönliche geistige Schöpfung“ darstellen (§2 Abs. 2 UrhG). Im Fall KI-generierter Inhalte bedeutet dies, je mehr kreativen Einfluss ein Mensch durch Bearbeitung einbringt, desto höher ist die Wahrscheinlichkeit, dass dieser Urheberrechte erhält. Derzeit gibt es jedoch noch keine Rechtsprechung zur klaren Regelung der Urheberschaft, wodurch rein KI-generierter Inhalte nicht in den Schutzbereich des Urheberrechts fallen (Bundesministerium der Justiz 2024, S. 1–2; Frotscher/Siebert 2024). Im Fall von Deepfakes kann eine Urheberrechtsverletzung nur vorliegen, wenn das Ausgangsmaterial zur Erstellung geschützt war. Das Bildnis einer Person sowie deren Stimme zählen jedoch nicht als geistige Schöpfung und sind somit kein schützenswertes Werk. Persönlichkeitsrechte wiederum können durch Deepfakes durchaus verletzt werden (Bundesministerium der Justiz 2024, S. 3).

Persönlichkeitsrechte gehören zu den Grundrechten und „schützen die Ehre, Privatsphäre und Identität von Personen“ und bleiben bis zehn Jahre nach dem Tod bestehen (WBS 2019). Relevant im Zusammenhang mit KI sind hierbei „das Recht am eigenen Bild“ (§22 KUG), „das Recht an der eigenen Stimme“ (BGH, Urteil vom 1. Dezember 1999 – I ZR 49/97 – LG Berlin – Marlene Dietrich) und „das Recht auf informationelle Selbstbestimmung“ (BVerfG, Urt. v. 15.12.1983, Az. 1 BvR 209/83) (Haberkamm 2024). Laut KunstUrhG §22 dürfen „Bildnisse [...] nur mit Einwilligung des Abgebildeten verbreitet oder öffentlich zur Schau gestellt werden“. Die äußere Erscheinung einer Person fällt dadurch in den Schutzrahmen, weshalb nur diese über die Verwendung ihrer Bildnisse in Form von Fotografien oder Videos entscheiden kann. Durch das Aufkommen digital reproduzierter Personen durch Deepfakes, fallen, durch einen neuen Beschluss des Bundesgerichtshofs (BGH, Urteil vom 24. Februar 2022 – I ZR 2/21 –OLG Köln, LG Köln – Tina Turner), auch eindeutig zu identifizierende „KI-Doppelgänger“ oder „Lookalikes“ unter den Schutz des KUG §22 und erfordern vor Veröffentlichung die Einwilligung der dargestellten Person (Haberkamm 2024). Die menschliche Stimme wird ebenfalls als Schutzgegenstand der Persönlichkeitsrechte betrachtet. Ein Beschluss des Bundesgerichtshofs (BGH, Urteil vom 1. Dezember 1999 – I ZR 49/97 – LG Berlin – Marlene Dietrich) untersagt die eigenmächtige Nutzung oder Imitation von Stimmen prominenter Personen. Hierdurch werden unter anderem Schauspielerinnen und Schauspieler oder Sängerinnen und Sänger gegen die nicht genehmigte Nutzung ihrer Stimme in Audio-Deepfakes oder für Lip Sync-Videos geschützt (Haberkamm 2024).

Das Recht auf informationelle Selbstbestimmung schützt personenbezogene Daten sowie deren Veröffentlichung. Obwohl dies bereits 1983 durch ein Volkszählungsurteil des Bundesverfassungsgerichts (BVerfG, Urteil vom 15. Dezember 1983 – 1 BvR 209/83 – Volkszählung) festgeschrieben wurde und damit auf analogen Grundlagen beruht, hat es im digitalen Zeitalter an Bedeutung gewonnen (Haberkamm 2024; Ingelheim 2024). Seitdem zählt es als Datenschutz-Grundrecht und ist seit Mai 2018 Teil der Datenschutzgrundverordnung (DSGVO) (Ingelheim 2024). Das Trainieren von KI-Modellen mit personenbezogenen Daten würde somit eine Verletzung der DSGVO darstellen (IHK 2025).

Datenschutz sowie Urheber- und Persönlichkeitsrechte gelten primär im deutschen Rechtsraum, können durch internationale Urheberrechtsabkommen jedoch auch in anderen Ländern Wirkung entfalten. International gibt es verschiedene Verordnungen, wie beispielsweise das amerikanische Copyright, in dem derzeit auch Veränderungen aufgrund des technologischen Wandels stattfinden (Kircher 2023). Das U.S. Copyright hat zu Beginn des Jahres 2025 eine Änderung erfahren, die, vergleichbar mit dem deutschen Urheberrecht, KI-generierten Inhalten nur bei ausreichend menschlichem Einfluss Urheberrecht zuschreibt (U.S. Copyright Office 2025). In China wurden nach der Klage einer Synchronsprecherin, das Recht an eigener Stimme und Bild, als Persönlichkeitsrecht in das chinesische Zivilgesetzbuch aufgenommen und somit das erste KI-Urteil gefällt (Münster/Grimm 2024).

2.4 Überblick über aktuelle KI-Modelle und Anwendungen zur Content-Erstellung

Angesichts der modernen Anwendungsmöglichkeiten generativer Künstlicher Intelligenz und Deepfake-Technologien lässt sich deren Nutzen in der Medienbranche in vier Bereiche untergliedern: Sprachmodelle und Textgenerierung, visuelle Inhalte durch Bild- und Videogenerierung, Audioproduktion und Sprachsynthese sowie audiovisuelle Inhalte durch die Kombination der vorherigen Modelle (Wecke 2024, S. 13–19). Diese Inhalte werden in der Regel durch Text-Prompts erstellt, indem ein Text in das System der KI eingegeben wird, der den gewünschten Inhalt umschreibt. Je mehr Informationen der Prompt enthält, desto exakter wird das Ergebnis (Ebbers et al. 2024, S. 84). Aus diesem Grund werden KI-Systeme häufig auch als Text-to-Text, Text-to-Image, Text-to-Video oder Text-to-Audio beschrieben. Die Nutzungsmöglichkeiten der GenAI sind jedoch kaum begrenzt, da sie in der Lage ist, verschiedene Arten von Daten zeitgleich zu verarbeiten. Somit sind unter anderem auch Image-to-Video oder Video-to-Text Systeme möglich (Lernende Systeme 2023).

Die Textgenerierung mittels großer Sprachmodelle gehört zu den grundlegenden Anwendungen der generativen KI. OpenAI mit ihrem Sprachmodell GPT kann hierbei als Vorreiter gesehen werden (Büchel/Engler 2024, S. 7–8). Ihr Modell ist darauf trainiert, mithilfe seiner gesammelten Erfahrung Textinhalte automatisch zu erzeugen (Lernende Systeme 2023). Im Februar 2025 stellte OpenAI Version GPT-4.5 vor. Dieses soll laut den Entwicklern über eine verbesserte Mustererkennung verfügen, logisch schlussfolgern können und auch kreative Erkenntnisse liefern. Es soll den Eindruck vermitteln, man spräche mit einer nachdenklichen Person (Bryan 2025; OpenAI 2025b). Auch das Medienunternehmen Meta brachte mit Llama 3.2 Ende 2024 ein Upgrade für sein Sprachmodell heraus (Meta 2024). Gemini ist das Sprachmodell von Google DeepMind. Gemini 2.5, das im März 2025 erschien, nutzt ein „thinking model“, um seine Entscheidungen begründen und komplexe Aufgaben logisch lösen zu können (Caschy 2025; Google DeepMind 2025). Diese Sprachbots sind in der Lage, verschiedene Arten von Texten zu formulieren, Sprachen zu übersetzen oder Schreibstile zu verbessern. Auch in der Medienbranche finden sie, unter anderem zur Unterstützung journalistischer Aufgaben Anwendung. Google DeepMind entwickelte 2022 das auf GPT-3 basierendes Sprachmodell Dramatron„ das sich durch seine Fähigkeit konsistente und fortlaufende Charaktere und Handlungen zu erzeugen und damit vollständige Geschichten zu erzählen, speziell für Schriftstellerinnen und Schriftsteller sowie Autorinnen und Autoren eignet. Das System kommt vor allem unter Filmfachleuten als Co-Kreatives Schreibwerkzeug, das Menschen nicht ersetzt, aber als gute Inspiration dient, gut an (Mirowski et al. 2022).

Text-to-Image-Systeme ermöglichen das Erstellen von Bildern jeglicher Art. Effektives Prompting erfordert jedoch auch hier Übung, um das gewünschte Ergebnis zu erzielen. DALL-E ist der Bildgenerator von OpenAI, der durch ChatGPT über eine einfache Bedienung verfügt und mittlerweile in der dritten Version veröffentlicht wurde (OpenAI 2024a). Stability AI entwickelte mit Stable Diffusion 3.5 ein Modell zur Generierung von Bildern mit „professioneller Qualität", basierend auf der Diffusionstechnologie, welche auch dreidimensionale Grafiken erzeugen kann (Stability AI 2024). Auch Midjourney des gleichnamigen Unternehmens zählt zu den beliebtesten KI-Bildgeneratoren (Midjourney 2025). Midjourney muss über die Plattform Discord genutzt werden und kann auf Deutsch verwendet werden, verspricht auf Englisch jedoch bessere Ergebnisse (Weber 2024). Diese Generatoren sind alle in der Lage, abstrakte bis fotorealistischen Bilder in sehr hoher Qualität zu erzeugen. Die Unterschiede in den Stilen der einzelnen Systeme sind jedoch deutlich erkennbar. Zudem verfügt DALL-E über Einschränkungen in der Erstellung. Unter anderem können bekannte Persönlichkeiten nicht generiert werden. Midjourney hingegen ist in dieser Möglichkeit nicht eingeschränkt (Rixecker 2023; OpenAI 2025c). Das Erstellen von Deepfake Bildern ist bei Text-to-Image Generatoren demnach zum Teil nur eingeschränkt möglich. Jedoch gibt es mittlerweile eine Bandbreite an KI-Bildbearbeitungs-Applikationen mit Face Swap und Face Morphing Möglichkeiten, wie die bereits erwähnten Apps FakeApp (Malavida 2022) und Faceswap (Faceswap 2024).

Die Erstellung vollständiger Videosequenzen gehört zu den neuesten Innovationen im Bereich der KI-Technologie. Runway veröffentlichte im Frühjahr 2023 das erste Text-to-Video-System, Gen-1, das durch wenige Prompts einen kurzen vier-sekündigen Videoclip erstellen konnte. Während die ersten Videos der Technologie noch eher surreal und verzerrt wirkten, konnte bereits die Version Gen-3 Alpha, welche nur knapp eineinhalb Jahre nach Gen-1 veröffentlicht wurde, konsistente und realistisch wirkende Videos kreieren (Metz 2023, Runway 2024). Die neuste, im April 2025, erschienene Version Gen-4 übertrifft dies durch die Möglichkeit, konsistente, realistische Menschen, Orte und Objekte zu generieren und besitzt zudem „narrative Fähigkeiten", was die Erzeugung von Kurzfilmen begünstigt (Runway 2025a). Im Jahr 2024 entwickelten auch andere große Medienunternehmen Videogeneratoren. Zu Beginn des Jahres veröffentlichte Google das auf Diffusionsmodellen basierende System Lumiere, und im Dezember stellte OpenAI Sora der Öffentlichkeit zur Verfügung (Google Research 2024; OpenAI 2024b). Sora sorgte bereits Anfang 2024 durch fotorealistische Promo-Videos in Kinoqualität für großes Aufsehen. Das Tool ist in der Lage, bis zu 20-sekündige

Videos zu erstellen, welche durch einen Storyboard-Modus aneinandergefügt werden können. Auch hier gibt es durch OpenAI wieder Einschränkungen der Inhaltsgenerierung. Falschinformationen, Gewalt oder auch Prominente werden nicht von dem System unterstützt (Schwarze 2025; OpenAI 2025c). Alle Systeme besitzen verschiedene Vorteile, aber auch Nachteile und Unregelmäßigkeiten im finalen Produkt. Aufgrund der derzeitigen Entwicklungssprünge sind auch hier bald weitere Verbesserungen zu erwarten (Ebbers 2023, S. 93–94). Deepbrain AI ermöglicht mit AI STUDIO das Erstellen von KI-Avataren passend zu einem Text. Aber auch hier scheint es noch Verbesserungspotenzial zu geben (Deepbrain 2023). Kaiber AI mit Superstudio spezialisiert sich hingegen auf die Generierung von Animationen. Mit dem neuesten Update Ende 2024 wurde jedoch auch die Erstellung von Abbildungen realistisch wirkender Menschen möglich (Kaiber AI 2024). Obwohl die Programme noch nicht ausgereift sind, können sie bereits als Werkzeug für Produktdemos oder kurze Werbeclips die Medienbranche unterstützen (Wecke 2024, S. 15).

KI-Systeme beherrschen das Erstellen von Musik und Melodien bereits seit längerem. Doch auch das Klonen von Stimmen oder die Sprachsynthese machen große Entwicklungssprünge und klingen immer natürlicher. Bei der Generation von Stimmen in einem Text-to-Speech (TTS) Vorgang wird ein geschriebener Text in gesprochene Sprache verwandelt. Die synthetischen Stimmen können hierbei zufällig entstehen oder in Form eines Deepfakes einen realen Menschen imitieren. Dieser Vorgang wird auch als Voice Cloning oder Voice Swapping bezeichnet. Neben Anwendungen in der Musik kann dies auch nützliche Aspekte für die Synchronisation von Filmen haben (Ebbers et al. 2024, S. 85, 95). Die Software Sonantic, die von dem Musik-Streaminganbieter Spotify entwickelt wurde, ist in der Lage, sehr realistische menschliche Stimmen zu erzeugen (Spotify 2022). Murf AI mit seiner neuesten Version Murf Speech Gen 2 ist ein Text-to-Speech-Tool, mit dem es sogar möglich ist, die Stimmen mit Akzenten und verschiedenen Tonhöhen zu bearbeiten (Murf AI 2024). Einige der Sprachroboter werden bereits für Sprachaufnahmen von Chatbots genutzt (Wecke 2024, S. 17).

3 Innovation und Transformation der Content-Erstellung in der Medienbranche durch generative Künstliche Intelligenz und Deepfakes

3.1 Sprachmodelle und Textgenerierung

3.1.1 Roboterjournalismus und Textgenerierung

Die Textgenerierung durch Sprachmodelle im Journalismus und der Nachrichtenproduktion kann als Fundament der Nutzung Künstlicher Intelligenz in der Medienbranche gesehen werden. Roboterjournalismus und die Automatisierung einfacher, datenbasierter Nachrichten wie Sportergebnisse oder Wetter zählen seit Jahren zum Standardinventar großer Medienunternehmen (Van Dalen 2012, S. 651–655; Dhiman 2023, S. 2–4; Yeung/Dodds 2024, S. 2–3). In der Strukturierung von Daten, der Berechnung von Zahlen, Automatisierung und Personalisierung von Inhalten sowie der Vorhersage von Trends gelten einfache Sprachmodelle als hocheffiziente Unterstützung für Journalistinnen und Journalisten (Caswell 2024, S. 182; Quinonez/Meij 2024, S. 188).

Thomson Reuters, BBC und Bloomberg spezialisieren sich seit Jahren auf die Entwicklung von Automatisierungsprozessen und KI-Software für Journalistinnen und Journalisten sowie Nachrichtenproduzentinnen und -produzenten sowie für ihre eigenen Unternehmen. Sie sehen den aufkommenden Veränderungen durch generative Künstliche Intelligenz positiv entgegen und fühlen sich gut vorbereitet (Aissani et al. 2023, S. 22; Thomson Reuters 2023; Caswell 2024, S. 174). Das Journalismus-Tool Reuters Lynx Insights wirbt mit einer „Steigerung des menschlichen Erfolgs“ und „besserem Journalismus durch die Verbindung von Maschinenfähigkeiten und menschlichem Urteilsvermögen“ (Thomson Reuters 2021). Die Nutzung von KI innerhalb vieler Nachrichtendienste wie der BBC, der Associated Press (AP) oder auch der New York Times wandelt sich derzeit von der reinen Datenanalyse, über die Entwicklung neuer Artikelthemen

N. A. Brecht, *Deepfakes und generative Künstliche Intelligenz in der Medienbranche*, BestMasters, https://doi.org/10.1007/978-3-658-50525-7_3

hin zur vollständigen Formulierung von Textabschnitten (Aissani et al. 2023, S. 22; Quinonez/Meij 2024, S. 187–188). Automatisierte Systeme, basierend auf maschinellem Lernen, sind in der Lage, in wenigen Minuten nutzbare Inhalte zu erzeugen, in Mengen, mit denen kein Mensch mithalten kann (Dhiman 2023, S. 4).

Mit dem KI-Boom der letzten drei Jahre steigt unter Journalistinnen und Journalisten auch die Nutzung generativer Sprach- und Bildmodelle. Eine internationale Studie aus dem Jahr 2024 befragt 154 journalistisch tätige Personen aus 14 Ländern zu ihren KI-Gewohnheiten. Über 77 Prozent gaben an, regelmäßig generative KI-Modelle wie ChatGPT, Midjourney oder DALL-E zu verwenden (Apablaza-Campos/Tinjacá/Salaverría 2024, S. 6–10). Eine Untersuchung zur Beeinflussung der journalistischen Medienqualität durch Künstliche Intelligenz bestätigte die Nutzung dieser Modelle und ergänzte unter anderem Schreibassistenten wie Grammarly, Word.AI oder Quillbot (Aleessawi/Alzubi 2024, S. 46). Die Nutzung dieser Programme hilft Journalistinnen und Journalisten, schneller und effektiver zu arbeiten, spart hierbei Zeit und Geld und kann unter korrekter Verwendung die Qualität der Medien verbessern, jedoch ohne Journalistinnen und Journalisten die Arbeit des kreativen Schreibens abzunehmen. Die KI-Systeme unterstützen Journalistinnen und Journalisten grammatikalisch oder durch Paraphrasieren bei der Erstellung fehlerloser Texte in Fremdsprachen, übernehmen das Korrekturlesen und das zugehörige Umformulieren oder entwickeln die linguistischen und künstlerischen Fähigkeiten der Journalistinnen und Journalisten weiter. Befragte Journalistinnen und Journalisten gaben an, sich mit der Technologie weiterzuentwickeln und von ihr zu lernen, anstatt sich gegen etwas Unvermeidbares zu wehren (Aleessawi/ Alzubi 2024, S. 47–48; Davies 2025).

Generative KI und LLMs werden derzeit eingesetzt, um Artikelüberschriften dem aktuellen Stand der Nachrichtengeschehnisse anzupassen oder auch verschiedene Versionen von Nachrichtenartikeln, an das jeweilige Lesemedium angepasst, zu formatieren. Auch das Zusammenfassen von Artikeln zählt zu den Grundaufgaben der Technologie (Quinonez/Meij 2024, S. 190–192). Miranda Marcus (2023, 8:09), die Leiterin des BBC News Labs, unterteilt das Innovationspotenzial der generativen KI in Nachrichtenredaktionen in drei Stufen: „1. Improving the existing ways we produce our existing content“, „2. New ways of producing our existing content“ und “3. New ways of producing new types of content” (Miranda Marcus 2024). Neben der Herausforderung, existierende Content-Erstellungsprozesse durch KI-Systeme effizienter zu gestalten oder durch neue Produktionsprozesse zu ersetzen, entsteht zudem die Möglichkeit, gänzlich neue und innovative Inhalte zu generieren. Einige Unternehmen entwickeln derzeit eigene Systeme, basierend auf der Technologie moderner

Sprachmodelle, speziell für interne Aufgaben. Das BBC-Tool Explainer erzeugt zusätzliche Hintergrundinformationen für komplexe Artikel, um diese für mehr Menschen verständlich und zugänglich zu machen. Die KI erstellt automatisch Erweiterungstexte zu bestehenden Nachrichtenartikeln, was zuvor als zu aufwendig galt (BBC News Labs 2022; Caswell 2024, S. 183). Im Jahr 2023 entwickelte Bloomberg das Sprachmodell BloombergGPT, speziell für den Finanzsektor des Nachrichtendienstes. Dieser ist unter anderem spezialisiert auf Finanzanalysen, Nachrichtenklassifizierung und die Beantwortung von Fragen (Bloomberg 2023; Quinonez/Meij 2024, S. 192).

Zukünftige journalistische KI-Initiativen umfassen laut einer Umfrage unter verschiedenen Nachrichtenhäusern Text-to-Audio- bzw. Audio-to-Text-Funktionen auf Websites, KI-generierte Zusammenfassungen von Artikeln oder auch Text-to-Video-Artikel (Newman/Cherubini 2025, S. 34). Zudem führt die BBC derzeit Pilot-Projekte zu Audio-to-Text-Generatoren für Sportnachrichten durch. Mithilfe generativer KI werden Live-Kommentare von Radiosportberichten transkribiert, nach den wichtigsten Momenten klassifiziert und anschließend online veröffentlicht (Davies 2025). Diese Automatisierungsprozesse schaffen jedoch nicht nur Erleichterung in der journalistischen Arbeit, sondern erfordern auch ein zunehmendes technologisches Verständnis (Yeung/Dodds 2024, S. 4–5).

3.1.2 Storytelling, Drehbücher und Konzeptdesign

Während sich der Journalismus auf die Darstellung tatsächlicher Ereignisse und informativer Inhalte konzentriert, werden durch Storytelling, Drehbücher und Konzeptdesigns neue Ideen und Geschichten entwickelt und damit auch Charaktere, Szenen und Dialoge definiert (Tang, Yunlong et al. 2025, S. 3). Automatisierungsprozesse und traditionelle Künstliche Intelligenz unterstützen hierbei bereits seit über zehn Jahren die Schreibprozesse von Autorinnen und Autoren bei Aufgaben wie Informationsbeschaffung und Datenorganisation (Tang, Yuying et al. 2025, S. 3).

Ein früher Versuch, ein vollständiges Drehbuch generieren zu lassen, resultierte 2016 im Kurzfilm „Sunspring". Eine KI namens „Benjamin" wurde mit Science-Fiction-Filmen trainiert, erschuf allerdings eine abstrakt wirkende Storyline mit wirren und unzusammenhängenden Dialogen sowie fehlender menschlicher Logik (Ars Technica 2016; Kühl 2016). Erst Entwicklungssprünge der generativen KI eröffneten auch dem Bereich des kreativen Schreibens und Storytellings das Potential der Technologie. Neben einfacher Datenanalyse können logische Erzählstrukturen generiert, Ideenfindung beschleunigt und Charaktere und Dialoge entwickelt werden (Totlani 2023, S. 977). Zudem wird die Technologie zunehmend anpassungsfähiger und interaktiver (Dayo/Memon/Dharejo 2023, S. 23).

Dayo, Memon und Dharejo (2023, S. 23–25) bezeichnen das Drehbuchschreiben, welches ein enormes Maß an Kreativität erfordert, als Leitfaden des filmindustriellen Storytellings und betonen zudem die disruptive Wirkung, die KI-Technologie auf diese traditionellen Arbeitsprozesse hat. Bereits jetzt werden Sprachmodelle wie der GPT zur Beschleunigung des Schreibprozesses eingesetzt (Totlani 2023, S. 977). Moraleda und Redondo (2023) untersuchten die Version GPT-3.5 des Sprachmodells, auf dessen Fähigkeiten zur Formulierung von Drehbüchern für Film, TV und Theater. Hierbei konnten die Forschenden feststellen, dass diese Art der automatischen Texterstellung zwar schnell und effizient Ergebnisse in Form von Skripten mit Dialogen liefern kann, diese aber eher oberflächlich wirken und es ihnen an benötigter Tiefe, Emotionalität und Kreativität fehlt (Moraleda/Redondo 2023, S. 233–235). Auch beliebte Programme wie Sudowrite oder NovelAI, die speziell auf kreatives Schreiben trainiert sind, scheitern derzeit daran, von Grund auf neue Konzepte zu entwerfen und damit wahre Kreativität zu beweisen (Fang/Guo/Kit Ng 2024, S. 1–5; Sudowrite 2024; NovelAI 2025; Clayton 2025).

Die zunehmende Integration von KI in die Schreibprozesse der Filmproduktion war ein zentraler Streitpunkt, der den Streik der Autorinnen und Autoren der Writers Guild of America auslöste. Der Streik brachte von Mai bis September2023 die Filmproduktion in Hollywood zum Erliegen, da viele Arbeitnehmerinnen und Arbeitnehmer fürchten bald vollständig durch die KI ersetzt zu werden. Drehbuchautorinnen und -autoren forderten feste Regelungen zur Verwendung von KI (Rogin/Corkery 2023). Die erzielten Richtlinien erkennen rein KI-generierte Inhalte nicht als literarisches Material an. Zudem dürfen Autorinnen und Autoren KI-Hilfsmittel nutzen, ohne dies jedoch aus kostensenkenden Maßnahmen vorgeschrieben zu bekommen (WGAW 2024). Diese Änderungen lassen eine Trendwende im KI-unterstützten Screenwriting-Prozess erahnen, weg vom vollständigen Automatisierungs-Versuch kreativer Prozesse hin zu interaktiver Mensch-Maschine-Kooperation.

Verschiedene innovative Forschungsansätze verfolgen das Ziel, diese Kooperation weiterzuentwickeln. Zu diesen Systemen zählt auch der in Abschnitt 2. 4 bereits erwähnte, auf LLMs basierende Scriptwriter „Dramatron" von Mirowski et al. (2022, S. 2). Hierbei handelt es sich um eines der ersten Systeme, das auf Mensch-Maschine-Ko-Kreativität aufbaut und den Menschen in den Generierungsprozess einbindet. „Dramatron" nutzt eine interaktive hierarchische Textgenerierung, die zuerst eine kurze Zusammenfassung erstellt, einzelne

Szenen, Orte und Charaktere daran anpasst und anschließend anhand der Informationen einen Dialog kreiert. Der Nutzer kann in jeden Schritt mittels Prompting eingreifen. Die Maschine arbeitet als Co-Autor, während die menschliche Kreativität entscheidend bleibt (Mirowski et al. 2022, S. 4–6). Das System wird insbesondere als positiv und hilfreich gegen Schreibblockaden wahrgenommen, seine Vorhersehbarkeit macht die menschliche Kreativität allerdings unersetzlich (Mirowski et al. 2022, S. 8–10).

Während auch „HoLLMwood“ auf der Idee der interaktiven Zusammenarbeit von Mensch und Maschine basiert, übernehmen auf LLMs basierende Agenten die Rollen von Writer, Editor und Actor und erzeugen durch eine Art Rollenspiel den gewünschten Text (Chen et al. 2024). Hierbei soll ein realer Schreibprozess nachgestellt werden, während zeitgleich die Kreativität der LLMs untersucht wird. Jeder Agent verfolgt die seiner Rolle entsprechenden Aufgabe. Durch Austausch und gegenseitiges Feedback entwickeln die LLMs auf diese Weise interaktiv den Verlauf der Geschichte und die Charaktereigenschaften (Chen et al. 2024, S. 2–5). Auch Tang, Yuying et al. (2025) verfolgen eine vergleichbare Drehbuch-Rollenspiel Methodik. Actor, Audience, Expert und Executor nehmen verschiedene Blickwinkel ein und unterstützen den menschlichen Denkprozess durch Feedback Zyklen (Tang, Yuying et al. 2025, S. 10–13). Diese Verfahren eignen sich gut für Drehbücher von Adaptionen, da die LLMs in der Lage sind, bereits bestehende Charakterbeziehungen zu verstehen und diese zu verarbeiten (Tang, Yunlong et al. 2025, S. 7).

Das Modell „ScreenWriter“ von Mahon und Lapata (2025) unterscheidet sich von den anderen Modellen in seinen Trainingsdaten, die auf Video- und Audiodateien von Filmen und nicht auf Texten und Datensätzen, basieren. Das System ist in der Lage, sowohl Skripte mit Dialogen, Charakterhintergründen und visuellen Beschreibungen, als auch Zusammenfassungen von diesen zu erstellen. Hierzu nutzt das Modell einen Algorithmus, um Szenen zu segmentieren und Charaktere zu identifizieren (2025, S. 3–6). Obwohl hierbei keine neuen Inhalte produziert werden, kann das Reproduzieren logisch zusammenhängender Texte aus Filmmaterial dennoch als innovative Grundlage für weitere Entwicklungen der KI angesehen werden.

Storytelling und kreatives Schreiben finden nicht nur in Filmen, sondern auch in Romanen oder Spielen Anwendung. Die Narrative First, Inc. stellte mit dem „Universal Narrative Model“ ein universell einsetzbares Storytelling-Tool vor, welches menschliche Autorinnen und Autoren in den Mittelpunkt des Arbeitsablaufes stellt (Gerba 2025, S. 1; Narrative First 2025). Das Programm soll Autorinnen und Autoren die Möglichkeit geben, Szenen und Charaktere auszutesten, bevor diese in das finale Produkt fließen. Durch eine Unterteilung in Storytelling (Präsentation) und Erzählstruktur (Subtext) soll die Geschichte aufgearbeitet werden, während ihr Tiefe und Bedeutung zugefügt werden. Das Modell erzeugt sowohl einen schlüssigen Rahmen als auch eine komplexe und dynamische Erzählstruktur. Zudem werden alle Eingaben und Ideen menschlicher Autorinnen und Autoren dokumentiert, um die Klärung späterer Urheberrechtsfragen zu erleichtern und die Rolle menschlicher Schöpferinnen und Schöpfer hervorzuheben und zu stärken (Gerba 2025, S. 2–3; Universal Narrative Model 2025).

Laut einer Umfrage haben knapp 80 Prozent der befragten Autorinnen und Autoren bereits KI-Anwendungen zur Unterstützung im Drehbuchschreiben verwendet (Tang, Yuying et al. 2025, S. 5). Yuying Tang et al. konnten hierbei die Ziel- und Ideenentwicklung sowie das Charakterdesign als vielversprechendste Aufgabenbereiche der KI ermitteln (2025, S. 7). Obwohl die Gestaltung von Erzählstrukturen und Handlungsverläufen sowie Drehbuch- und Dialogtexten zu den am meisten verwendeten Anwendungen zählen, sind deren Ergebnisse derzeit noch ungenügend (Tang, Yuying et al. 2025, S. 7).

3.2 Visuelle Inhalte mittels Bild- und Videogenerierung

3.2.1 Vom Storytelling zur Visualisierung

Visuelles Storytelling verbindet Erzählstrukturen mit Visualisierungsprozessen, um Geschichten durch Bilder mehr Ausdruck zu verleihen (Halperin/Lukin 2022, S. 1). Generative Text-to-Image-Generatoren wie DALL-E oder Midjourney eröffnen diesem kreativen Bereich neue Möglichkeiten der Gestaltung. Die Visualisierung von Storytelling-Prozessen findet in der Medienbranche vielseitige Anwendung. Von Ideen- und Konzeptentwicklung mittels Storyboards (Zhang et al. 2024) bis hin zur Erstellung vollständiger Produkte wie Bilderbücher oder Comics (Zhu/Tang 2024) werden verschiedene Content-Erstellungsphasen unterstützt. Im Gegensatz zur reinen Bildgenerierung muss die Technologie hier jedoch Konsistenz im Charakter- und Szenendesign gewährleisten, um logische Geschichten erstellen zu können (Govind et al. 2024, S. 451).

Storyboards unterstützen die mentale Visualisierung von Drehbuchautorinnen und -autoren, indem sie helfen, die geschriebenen Szenen besser wahrnehmen und Stimmungen oder Atmosphären verdeutlichen zu können. Hierzu wurden bisher aufwendige und detailreiche Skizzen oder Grafiken mithilfe spezieller

Software angefertigt (Rao/Chou/Agrawala 2024, S. 1–2). Die neuesten Fortschritte im Bereich der generativen KI und der natürlichen Sprachverarbeitung ermöglichen innovative Automatisierungsprozesse zur Generierung passender Grafiken und beschleunigen deren Erstellung erheblich (Govind et al. 2024, S. 451; Rao/Chou/Agrawala 2024, S. 1). KI-Modelle wie „ScriptViz" (Rao/Chou/Agrawala 2024) oder „DialogueDirector" (Zhang et al. 2024) wurden speziell für die automatische Visualisierung von dialogzentrierten Drehbüchern zu dynamischen, mehrperspektivischen Storyboards entwickelt, nutzen hierbei jedoch unterschiedliche Vorgehensweisen (Zhang et al. 2024, S. 2).

Das Visualisierungstool „ScriptViz" generiert keine eigenen Bilder, sondern analysiert Drehbuchtexte und ruft dazu passende Bildsegmente aus einer Datenbank existierender Filme auf (Rao/Chou/Agrawala 2024, S. 1). Autorinnen und Autoren haben die Möglichkeit, entweder eine kontrollierte (fixed) Szene mit von ihnen vorgegebenen Variablen zu generieren oder ein variables Vorgehen zu nutzen, bei dem die KI alternative Szenen erzeugt, beispielsweise mit Schauspielern verschiedenen Alters oder an unterschiedlichen Schauplätzen (Rao/Chou/Agrawala 2024, S. 2–8).

Sowohl Govind et al. (2024) als auch Zhang et al. (2024) beschäftigen sich hingegen mit der Skriptvisualisierung durch eigens generierte Bilder. Der „Script-to-Storyboard Generator" von Govind et al. (2024, S. 452) greift hierzu auf verschiedene analysierende KI-Modelle zurück, um präzise Prompts für die Bilderstellung zu generieren. Das Skript wird in Schlüsselszenen aufgeteilt, innerhalb welcher Charakter, Emotionen, Schauplatz und Zeit identifiziert und Zusammenfassungen erstellt werden. Anschließend werden diese Informationen zu präzisen Prompts verarbeitet und mittels Diffusionsmodell konsistente Bilder generiert (Govind et al. 2024, S. 452–454). Das Vorgehen des „Dialogue Directors" ähnelt hingegen der Rollenspielherangehensweise der Drehbuch-Generatoren. Um menschliches Verständnis zu imitieren, werden auf LLMs basierende Agenten in Form eines Script Director, eines Cinematographer und eines Storyboard Maker erzeugt. Diese arbeiten sequenziell miteinander, um die Drehbuchinhalte zu interpretieren, virtuell umzusetzen und mit filmischem Wissen zu kombinieren (Zhang et al. 2024, S. 2–6).

Andere Modelle nutzen generative KI hingegen, um Storyboards vielfältiger zu gestalten. In „StoryDiffusion" werden neben der Generation von Storyboard Bildern, mithilfe eines Diffusionsmodells auch passende Texte zu den einzelnen Bildsegmenten erzeugt. Nach der Eingabe des Drehbuch-Texts kann der Nutzende die Anzahl der Bilder festlegen sowie Bilder und Text stilistisch durch Prompts anpassen (Liang et al. 2024, S. 5–7). Im Co-Creating-Tool „ID.8" arbeiten Autorinnen und Autoren gemeinsam mit der Technologie an der Storyline, welche anschließend in ein Skript umgewandelt wird, dessen einzelne Szenen zu einem Storyboard visualisiert werden (Antony/Huang 2024). Im letzten Schritt, dem Szenen Editor, haben Autorinnen und Autoren die Möglichkeit, neben der gezielten Anpassung visueller Aspekte, auch mit einem Audio Generator passende Musik oder Hintergrundgeräusche zu generieren und einem Speech Generator Dialoge zu erstellen und in Ton zu verwandeln (Antony/Huang 2024, S. 6–11). Eine weitere innovative Vorgehensweise bieten Yan et al. (2023) mit „XCreation". Das Modell hebt sich durch ein crossmodales System ab. Die Text-to-Image Generation wird hierbei durch die zusätzliche Option der Eingabe einer Skizze erweitert. Hierdurch entsteht durch die Image-to-Image-Generation mehr interaktiver und kreativer Spielraum in der Gestaltung (Yan et al. 2023, S. 5–7).

Visualisierungsprozesse können in der Medienbranche neben Storyboards auch in anderen Bereichen Anwendung finden. „CogCartoon" lässt sich auch in das visuelle Storytelling einordnen, fokussiert sich jedoch auf den Comic- und Bilderbuchbereich (Zhu/Tang 2024). Das Modell basiert auf vortrainierten Diffusionsmodellen sowie der Charakter-Plugin-Generierung und Plugin- und Layout-gesteuerten Interferenz. Das bedeutet, die Charaktere und benutzerdefinierten Layouts fungieren als flexibles Plugin, die nach Bedarf in Szenen gesetzt werden können. Diese Vorgehensweise spart Trainingsdaten, da Bilder nicht immer neu generiert werden müssen (Zhu/Tang 2024, S. 1811–1814). Auch Wang, X. et al. (2024) haben ihren Fokus auf Charakterdesign in Comics gelegt. „EpicEvo" ist ein Tool, um neue Charaktere auf der Basis bereits existierender Cartoons oder Comics zu entwerfen und diese für neue Serien zu nutzen. Hierdurch soll das System auch in Zeichentrickfilmen und Fernsehserien das Charakterdesign unterstützen können (Wang, X. et al. 2024, S. 3754–3758).

Vergleichbare Visualisierungsprozesse können auch den Journalismus innovativ unterstützen. Das „Graphical Storyteling Project" der BBC ist eine Initiative, um Nachrichten grafisch, beispielsweise im Comic-Stil, darzustellen. Dies wurde erst durch Text-to-Image-Generatoren möglich und fand bei der Audienz bereits positiven Anklang (Caswell 2024, S. 183). Die Technologie wird in diesem Bereich auch für einfache Grafiken und Gestaltungszwecke wie Diagramme oder Tabellen verwendet (Aleessawi/Alzubi 2024, S. 46; Quinonez/Meij 2024, S. 190–191).

3.2.2 Animation und Videogenerierung

Die Erstellung animierter Bilder und Videos ist derzeit eine der fortschrittlichsten, aber auch umstrittensten Anwendungsbereiche der generativen KI. Modelle wie Runway oder Sora erobern seit 2023 den Markt und gelten als Revolution in der Videoproduktion (Scheuer 2023; OpenAI 2024b). Mit Gen-4 präsentierte Runway im April 2025 die neueste Version des Video-Generators, der auf einem Image-to-Video-System mit Prompt Justierung basiert (Ceccio 2025; Runway 2025a). Ein realistischer Affe tanzt in einem Musik Video (Runway 2025d), ein zweiminütiger Kurzfilm über eine Flamme im Stil einer Knetanimation (Runway 2025b) und ein 2D-Animations-Kurzfilm über Astronauten (Runway 2025c) belegen die Aussage des Runway-Gründers aus dem Jahr 2023, dass vollständig KI-generierte Filme technisch bald möglich seien. Allerdings sei es nicht das Ziel, denn „Künstliche Intelligenz fungiert [lediglich] als Hilfe, um den kreativen Prozess zu unterstützen" (Scheuer 2023). Die Qualität, Konsistenz und Skalierbarkeit der mittlerweile generierbaren Inhalte ermöglichen damit erste Grundlagen für den unterstützenden Einsatz in großen Filmproduktionen und eröffnet zeitgleich Möglichkeiten für kleine Medienproduktionen oder visuelles Storytelling im Marketing (Ceccio 2025).

Obwohl vollständig KI-generierte Videoclips derzeit stetig sehenswerter werden und von der 2D-Animation bis zur fotorealistischen Darstellung keine Grenzen kennen, ist Scheuer (2023) der Ansicht, dass der Mensch weiterhin zentraler Bestandteil des kreativen Prozesses des Filmemachens bleiben soll. Anstelle der gänzlichen Erzeugung von Filmen soll eine Verbindung aus „Technologie- und Kunstwelt" geschaffen werden, um mithilfe der KI einzelne Produktionsabschnitte effizienter zu gestalten (Scheuer 2023). Die Einbindung von KI in Animationsprozesse kann Kosten senken, monotone Arbeiten übernehmen und hierbei qualitativ hochwertige Inhalte erzeugen (Yuanliang/Zhe 2024, S. 12). Insbesondere in den sich überschneidenden Bereichen Charakter- und Gesichts-Animation, Bearbeitung und visuelle Effekte (VFX), interaktive Animation und Automatisierungsprozesse sowie Bewegungsanimation können GenAI und Deepfake-Technologien Animationsprozesse bereichern (Pardeshi/Mude 2024, S. 788–789).

Animationsprozesse zählen zu den zeit- und ressourcenintensivsten Verfahren in der Filmproduktion (Jorgensen/Wang/Wang 2023, S. 484). Von der Ideenfindung und Drehbuchentwicklung über die Erstellung von Storyboards bis hin zur Visualisierung der Charaktere und der finalen Erstellung der Animation fließen viele der zuvor beschriebenen KI-Anwendungen zusammen (Tang, Yunlong at al.

2025, S. 1). Guajardo, Bursalioglu und Goldmann (2024) untersuchten gemeinsam mit Animationskünstlerinnen und -künstlern, welche Arbeitsabläufe durch generative KI effizienter gestaltet werden können und erstellten hierbei einen 2D-Kurzfilm für Kinder. Auf Basis der Charakterillustrationen von Künstlerinnen und Künstlern wurden die Figuren mit KI weiterverarbeitet, animiert und in passende Szenen gesetzt. Das Projekt soll demonstrieren, wie generative KI Animationskünstlerinnen und -künstler unterstützen kann, damit sich diese stärker auf die kreativen Aufgaben wie Charakterbildung, Design und die Entwicklung der Geschichte fokussieren können (Guajardo/Bursaligolu/Goldmann 2025, S. 1–2). Auch Netflix Japan veröffentlichte 2023 seinen ersten KI-unterstützten Kurzfilm. In „der Junge und der Hund" wurden die Hintergrund-Bilder mit KI generiert, während die Charaktere durch Menschen designt und animiert wurden (Gao 2023, S. 150).

Insbesondere die Schlüsselbildanimation in Kombination mit Inbetweening, der Erstellung von Zwischenbildern für fließende Bewegungen, sind wichtige Faktoren zur Erzeugung natürlich wirkender Bewegungsabläufe (Adobe o. D.; Tang, Yunlong et al. 2025, S. 8–9). „MotionBridge" (Tanveer et al. 2025) und „Generative Inbetweening" (Wang, X. et al. 2025) sind Modelle, die diesen Schritt mithilfe von KI-Technologie erleichtern sollen. Dabei nutzt „Motion Bridge" eine auf Diffusionsmodellen basierende Maske mit Bewegungsbahnen, die den Nutzern die Kontrolle über die erzeugten Zwischenbilder ermöglicht (Tanveer et al. 2025, S. 5–8). Wang, X. et al. (2025, S. 4–6) entwickelten ein Diffusionsmodell, das darauf trainiert ist, eine kurze Videoeinheit passend zwischen einem Eingangs- und einem Ausgangsbild zu erzeugen. Auch Starke et al. (2024) befassten sich mit einem datengetriebenen Inbetweening System. Das Modell nutzt einen lernenden Autoencoder, um durch ein bidirektionales Kontrollschema präzise Bewegungsmuster hervorzusagen und auf diese Weise das Inbetweening von Bewegungen zu erzeugen (Starke et al. 2024, S. 4–5). Die Modelle eignen sich jedoch nicht nur für Zeichentrick Animation, sondern bilden zudem Grundlagen zur Weiterentwicklung von Text-to-Video und Image-to-Video-Systemen für kohärente und natürliche Bewegungsabläufe in realistischen Filmen und Videospielen (Starke et al. 2024, S. 1; Tanveer et al. 2025, S. 8).

„StoryAgent" beschäftigt sich hingegen mit der vollständigen KI-gestützten Videogenerierung von Erzählvideos (Hu et al. 2024). Das System basiert auf der Zusammenarbeit mehrerer KI-Agenten wie einem Geschichtendesigner und Storyboard-Generator, in deren Sprach- und Visualisierungsprozesse der Nutzer zu jeder Zeit eingreifen kann. Der Videoersteller animiert das Storyboard entsprechend der erhaltenen Informationen mithilfe eines Diffusionsmodells. Um das Charakterdesign über verschiedene Szenen hinweg konsistent zu halten, unterstützt hierbei die LoRA-BE-Methode (Hu et al. 2024, S. 4–7). LoRA bedeutet Low-Rank Adaption und unterstützt Diffusionsmodelle beim Anpassen von Feinheiten (Mindverse 2024). Auch in der Evaluation konnte der „StoryAgent" durch qualitativ hochwertige und konsistente Erzählgeschichten mit individuell angepassten Animationen überzeugen (Hu et al. 2024, S. 9–10).

Sowohl Qui (2023) als auch Tang und Chen (2024) demonstrieren die Möglichkeit vollständiger Charakteranimation ohne konventionelle Methoden zu nutzen. Beide Projekte nutzen Midjourney für das Charakterdesign und Illustrationen, unterscheiden sich jedoch im darauffolgenden Prozess. Qui (2023, S. 147–149) basiert seinen Charakter auf einem existierenden Videospiel, nutzt ChatGPT um passende Prompts zur Charaktervisualisierung anhand des Spielnarrativs zu generieren und die entstandene Illustration per Skelettanimationstechnik und Stable Diffusion zu animieren. Wohingegen Tang und Chen (2024, S. 119–120) eigene Prompts formulieren und ihren Charakter mit einer Technologie von NVIDIA aus dem Jahr 2022 animieren. Das System nutzt einen virtuellen Raum, um Charaktere anhand von Daten menschlicher Bewegungen und physikalischen Regeln gewünschte Bewegungen anzutrainieren, bis diese fließend und natürlich wirken (NVIDIA 2022; Tang/Chen 2024, S. 120).

KI-Technologien ermöglichen jedoch auch völlig neue Prozesse, um Charaktere zu animieren und Bewegungsanimationen zu automatisieren. „SayMotion" von He, Lapham und Li (2024) ist ein Text-zu-3D-Animations-Konzept. Das System ist in der Lage, aus einer Geschichte relevante Bewegungen zu entnehmen und diese in entsprechende Prompts zu verwandeln. Daraus erstellt das System passende Bewegungen für einen 3D-Charakter und generiert kurze Videoclips (He/Lapham/Li 2023, S. 1–2). Um Bewegungsabläufe natürlicher wirken zu lassen, werden diese häufig aus Videomaterial von Menschen entnommen (Xian/Sahagun 2023, S. 26–18; Zhang et al. 2023, S. 2). Anstatt Schlüsselbilder zu erstellen, entnehmen Pose-Estimation-Algorithmen (Posenschätzung) die Bewegungsinformationen aus Videodateien, um die KI damit zu trainieren (Xian/Sahagun 2023, S. 1). Diese Algorithmen nutzen Deep Learning, um Positionen einzelner Körperteile zu identifizieren, sowie Hauptgelenke, welche dann als Schlüsselpunkte vermerkt werden, zu definieren. Aus diesen Informationen wird eine Skelettdarstellung generiert, um mithilfe von CNNs Schlüsselpunkt-Positionen vorherzusagen und Bewegungen zu generieren (Xian/Sahagun 2023, S. 27–29; Zaubar 2025). „MagicAvatar" hingegen kreiert aus einem Video Input eine Motion-Datei in der Art einer Schablone. Durch das Einsetzen der Zielidentität kann der Charakter oder Avatar die Bewegung übernehmen (Zhang et al. 2023, S. 2–5).

3.2.3 Videobearbeitung und Spezialeffekte

Neben der Erstellung von Videos und Animationen kann generative KI und Deepfake Technologie auch genutzt werden, um diese Inhalte zu verändern, zu optimieren oder mit Spezialeffekten zu versehen. Der Wandel der Computertechnologie hat großen Einfluss auf die Funktionen von post-produktiven visuellen Effekten (VFX) sowie CGI und erweitert damit die visuellen Möglichkeiten erheblich (Essien/Kalkat/Lamichhane 2025, S. 63). GenAI und Deepfakes unterstützen diese Prozesse nicht nur, sondern können auch als eine neue Kategorie von VFX und CGI wahrgenommen werden (Singh 2023, S. 4–5). Selbst der prämierte Regisseur und Produzent James Cameron bezeichnete „die Überschneidung generativer KI und CGI-Bilderstellung als nächste Welle" aufstrebender Film-Technologien (Stability AI 2024). Eine Umfrage von Fachkräften aus den Bereichen VFX, KI und Deepfakes ergab, dass die Technologien bereits jetzt enormen Einfluss auf Effektivität und Qualität von Filmproduktionen haben und diesen auch langfristig halten werden (Singh 2023, S. 4–5).

Pika Labs ist, vergleichbar mit Runway oder Sora, eine Plattform zur Text-to-Video- und Image-to-Video-Generierung. Der KI-Dienstleister hebt sich jedoch besonders durch sein Angebot an Video-Bearbeitungstools ab, welche bisher nur durch VFX oder CGI möglich waren. Pika bietet hierfür unterschiedliche Modelle (Pika AI 2025; Pika Art 2025). Während Pika Swaps das Austauschen von vorhandenen Elementen innerhalb eines Videos per Bild oder Prompt erlaubt, können mit Pika Additions KI-generierte Menschen oder Gegenstände passend in Videos integriert werden (Pika Additions 2025; Pika Swaps 2025). Pika Frames hingegen generiert aus zwei Bildern ein Video, indem sich das eine Bild fließend in das andere verwandelt und somit auch eine Art des Inbetweenings darstellt (Pika Frames 2025). Pika Twists ist das neueste Modell des Anbietenden und ermöglicht die Manipulation einzelner Bestandteile eines Videos mittels Text-Prompt. Hierdurch können unter anderem starre Objekte bewegt oder der Gesichtsausdruck und die Bewegungen von Personen beliebig verändert werden (Pika Twist 2025). Während diese Tools eher kleine Produktionen oder Unternehmen in verschiedenen Bereichen der Medienbranche innovativ unterstützen können, eignen sie sich gleichzeitig auch zur Visualisierung von Ideen und Konzepten, um diese in Form eines Video-Storyboards vor der tatsächlichen Produktion zu testen.

Aufgrund dieser Fortschritte zählen insbesondere visuell- und technologielastige Bereiche wie VFX sowie Charakter- und Umgebungsdesign zu den Bereichen der Unterhaltungsindustrie, die die stärkste Beeinflussung durch KI zu erwarten haben (Asher-Schapiro 2024). Coldewey (2023) betont, dass die kreativen Möglichkeiten mithilfe der KI ausgeweitet werden, die Technologie jedoch niemanden ersetzen, sondern als zusätzliches Instrument dienen soll.

So war im Disney Pixar Film „Elemental" eine Kombination aus Animationstechniken, visuellen Effekten und maschinellem Lernen notwendig, um die aus Feuer und Wasser bestehenden Hauptfiguren zu erschaffen. Damit ein Feuer-Charakter zugleich mit den dynamischen und physikalischen Eigenschaften von Feuer sowie den Merkmalen eines Animationscharakters versehen werden konnte, nutzten die Animationskünstlerinnen und -künstler volumetrischen Neural Style Transfer (NST) (Failes 2023). NSTs sind Algorithmen, die auf der Basis von CNNs den visuellen Stil eines Bildes auf den Inhalt eines anderen Bildes übertragen und dieses dadurch stilistisch manipulieren. Im Falle von volumetrischen NSTs wird das Konzept auf Fluide übertragen, wodurch beispielsweise Rauch oder wie in „Elementals", Feuer und Wasser simuliert werden können (Aurand 2022, S. 1). Die Animateure skizzierten die Charaktere von Hand und kombinierten diese mit einer animierten Feuer Simulation mittels NSTs, um den gewünschten Effekt zu erzielen (Failes 2023). Ein ähnliches Konzept nutzen auch Esser et al. (2023, S. 1–9), um ein Ausgangsvideo durch einen Text-Prompt oder ein Beispielfoto stilistisch zu verändern oder auch den Inhalt und Stil zweier Videos zu synthetisieren. Sie nutzen hierfür ein Diffusionsmodell und können sowohl vollständig neue Videos kreieren als auch lediglich Hintergründe abändern.

Während die KI-Algorithmen der NSTs innovativ in bestehende VFX-Prozesse integriert wurden, beschäftigen sich Wang, L. et al. (2025) mit einem neuen Konzept im Bereich der KI-Text-zu-Video Generation, der Transparenz. „TransPixeler" basiert auf einer Diffusion-Transformer-Architektur (DiT) und ermöglicht die Erstellung von RGBA-Videos. Das bedeutet, neben den RGB-Daten (Rot-Grün-Blau), die für die Farbinformation im Bild stehen, beinhaltet das System einen zusätzlichen Alphakanal, um die Farben transparent erscheinen zu lassen. Der Alphakanal ist essenziell für die Erzeugung visueller Effekte wie Feuer, Rauch oder Reflexionen und auch dafür, Objekte aus Bildern neu und ohne Hintergrund zu erstellen (Wang, L. et al. 2025, S. 1–8).

Realistische Gesichtsanimationen werden zunehmend in der Film- und Fernsehindustrie sowie in Nachrichten, Werbung, Videospielen oder sozialen Medien eingesetzt. Traditionelle Methoden stoßen hierbei schnell an ihre Grenzen, während Deepfake-Technologien hochrealistische und individuelle Gesichter mit authentischen Mimik- und Alterungsmerkmalen generieren können (Hou et al. 2023, S. 152). Obwohl der Realismus moderner Deepfakes in der Öffentlichkeit Bedenken hervorruft, bietet die Technologie enormes Innovationspotenzial und wird vermehrt als eigenständige VFX-Kategorie anerkannt (Singh et al. 2023, S. 5).

De-Aging Prozesse werden bereits in vielen Filmen eingesetzt. Auf diese Weise war es Robert De Niro bereits 2019 in „The Irishman" oder auch Tom Hanks 2024 in „Here" möglich, sich selbst in einer jüngeren Version zu spielen (Oeke 2024, S. 43; Sherlock 2024). Der Vergleich der angewandten Technologien der beiden Filme demonstriert die enorme Entwicklungsgeschwindigkeit der Technologie. Obwohl für die Produktion von „The Irishman" bereits keine aufwendigen Motion Capture Verfahren mehr notwendig waren, kamen immer noch spezielle Infrarotkameras, Make-up, viele alte Filmaufnahmen und aufwendige Post-Produktionsprozesse zum Einsatz, um die Deepfake-Technologien erfolgreich anzuwenden (Industrial Light & Magic 2019; Oeke 2023, S. 43–46).

Der Film „Here" entstand fünf Jahre später und arbeitete mit dem KI-VFX Unternehmen Metaphysic AI und ihrem neuen System Metaphysic Live zusammen. Die Effekte werden direkt während der Kameraaufnahme live eingefügt und können die Schauspielerinnen und Schauspieler ohne Nachbearbeitung verjüngen oder älter machen. Das Unternehmen nutzt ein Neural Performance Toolset (NPT), das basierend auf maschinellem Lernen, die Gesichtsausdrücke der Schauspielerinnen und Schauspieler analysiert und durch neuronale Animation das veränderte Gesicht mit Bewegungen und Ausdrücken reproduziert, um Emotionen natürlich wiederzugeben. Somit stellt es eine Art Weiterentwicklung der Face Swap-Technologie dar (Metaphysic AI 2025b; Sherlock 2024).

Das NPT von Metaphysic ist ebenfalls im Musikvideo von Eminems neuestem Song „Houdini" zu sehen und wurde anschließend zum ersten Mal live während der MTV Video Music Awards genutzt, um Eminem gemeinsam mit seinem jüngeren Alter Ego „Slim Shady" performen lassen zu können (Foley 2024; Metaphysic AI 2025a). Neben der Verjüngung oder Alterung von Menschen kann die Technologie auch genutzt werden, um verstorbene Schauspieler in Filmen wieder aufleben zu lassen. Im Film „Alien: Romulus", wurde ein ehemaliger Schauspieler der Reihe durch die Deepfake Technologie als Roboter zurückgebracht (Metaphysic AI 2025a).

3.3 Synthetische Audioinhalte

3.3.1 KI-generierte Musik und Melodien

Die Erzeugung von Audioinhalten durch generative Künstliche Intelligenz kann in vielen Bereichen der Medienbranche die Content-Erstellungsprozesse in Form von Musik, Stimmen und Melodien innovativ unterstützen. Von kurzen Jingles für die Werbung über Anweisungen eines Sprachassistenten bis hin zur Komposition von Filmmusik hat sich die Technologie bereits im Alltag vieler Medienschaffender etabliert (Wecke 2024, S. 14). Tools wie MusicLM von Google sind in der Lage durch wenige Text-Prompts ganze Musikstücke zu komponieren (Hiatt 2023, S. 54). ElevenLabs kann neben Musik auch Geräusche und Soundeffekte durch die Eingabe kurzer beschreibender Prompts erstellen (ElevenLabs 2024).

Insbesondere die Musik passt sich seit jeher an die technologischen Möglichkeiten an, was unter anderem in der Entstehung neuer Genres resultiert (Pahlevan 2024, S. 1). So wurde beispielsweise auch elektronische Musik erst mit der Entwicklung der entsprechenden Technologien möglich (Martina 2022). Derzeit entstehen KI-Systeme, die den kreativen Prozess von DJs und Produzenten elektronischer Musik unterstützen und effizienter gestalten sollen. „Ideary" ist ein System, das Rhythmen und Melodien zur Unterstützung der Kreation elektronischer Musik generiert (Larsen/Zhu 2024). Der Nutzende kann hierbei durch den Input der Trainingsdaten in das GAN-Modell und die Variationen des Outputs mit dem System interagieren. Das Ziel besteht darin, künstlerische Routinen durch diese Variationen zu durchbrechen und die Kreativität anzuregen, um Neues zu entdecken (Larsen/Zhu 2024, S. 276–278). Ebenfalls im Bereich der elektronischen Musik nutzen Becker et al. (2024) einen KI-Kompositions-Assistenten, welcher als Plug-in in die Digital Audio Workstation (DAW) des Musikers integriert ist, um musikalische Co-Kreationen mit Unterstützung der KI zu erzeugen. Das System soll zudem in der Lage sein, live mit dem Künstler zu improvisieren und gemeinsam innovative Melodien zu erzeugen (Becker et al. 2024, S. 3–4).

Melodien werden jedoch auch häufig in anderen Bereichen der Medienbranche benötigt, um visuelle Inhalte durch Hintergrund- oder Begleitmusik zu akzentuieren. Video-to-Music Systeme nutzen hierzu die visuellen Aspekte eines Videos, um passende Musik zu generieren. Das Programm entnimmt dem Video einzelne Bilder, analysiert den Inhalt und identifiziert die enthaltenen Emotionen. Anschließend wird anhand eines Konditionierungsmechanismus passende Musik generiert, die rhythmisch und semantisch dem Video entspricht. Der Prozess der Musik-Video-Synchronisation kann hilfreich für kleinere Medienproduktionen, Videospiele oder auch Inhalte auf den sozialen Medien sein und die visuellen

Inhalte dynamischer gestalten (Ji et al. 2025, S. 7–19, 27). „Ourmuse“ nach Park et al. (2024, S. 3203) basiert auf einem solchen System, richtet sich hierbei jedoch speziell an visuelle Inhalte in der Werbung. Hierbei wird auf das Potenzial der KI für wirkungsvolle Werbeinhalte hingewiesen, die durch Synchronität der Audio- und Video-Inhalte emotional ansprechender auf Konsumentinnen und Konsumenten wirken können (Park et al. 2024, S. 3202). Auch für den KI-unterstützten Netflix Kurzfilm „der Junge und der Hund“ wurde KI-Musik komponiert, um die visuelle Animation passend zu unterlegen (Gao 2023, S. 150).

Generative KI-Systeme sind auch in der Lage, Soundeffekte oder Klänge zu erzeugen. Auf diese Weise können sie auch als unterstützendes Werkzeug im professionellen Sounddesign agieren, das häufig in Serien, Filmen und digitalen Spielen eingesetzt wird, um visuelle Inhalte durch passende akustische Informationen zu unterlegen und gewollte Atmosphären zu kreieren (Kamath et al. 2024, S. 1–2). Während KI-Sound-Systeme, die auf GAN-, Transformer- oder auch Diffusionsmodellen basieren, ihre Vorteile schnell durch ihre Nachteile mindern konnten, haben sich in diesem Bereich besonders StyleGANs als nützlich erwiesen. Umweltgeräusche und Klänge können in einem sehr natürlichen Klangbild generiert und von den Sounddesignern in einem co-kreativen Prozess angepasst werden (Kamath et al. 2024, S. 3–5).

Auch in der Podcast-Produktion wird häufig Begleitmusik (Taylor 2024, S. 49) oder werden passende Soundeffekte (Morris 2024, S. 2) benötigt, die mithilfe von KI einfach erstellt werden können. Generell können KI-generierte Audioinhalte als kreative Stütze im gesamten Kompositionsprozess für Musik, Sounds und Melodien gesehen werden. Vergleichbar mit der Zusammenarbeit einer Band kann ein kollaborativer Mensch-KI-Prozess entstehen (Gianet/Di Caro/Rapp 2024, S. 5). Pahlevan (2024, S. 3) empfiehlt Musikschaffenden, KI als ein mentales Werkzeug zu verstehen und damit zu experimentieren, um sowohl offen für neue Möglichkeiten der Erzeugung als auch eine neue Art von Musik zu sein.

3.3.2 Synthetische Stimmen und Audio Deepfakes

Synthetische Stimmen sind seit einigen Jahren fester Bestandteil unseres Alltags (Ebbers 2024, S. 86). Während für die erste virtuelle Sprachassistentin Siri, veröffentlicht im Jahr 2011, noch hunderte Stunden an Audiomaterial von einer Frau aufgenommen und in einem komplizierten Verkettungsprozess synthetisiert wurden, um neue Wörter und Sätze bilden zu können, benötigt man heute kaum mehr als ein paar Sekunden einer Stimme, um diese zu reproduzieren

(Ravitz 2013; Gabrys et al. 2022, S. 7902). Programme wie ElevenLabs ermöglichen heutzutage schnelle und kostengünstige Text-to-Speech (TTS) Lösungen für synthetische Vertonungen von beispielsweise Hörbüchern, Computerspielen, Werbung oder Synchronisation (Thomas 2024, S. 70).

Neben Sprachassistenten im Handy oder Navigationsgerät durchdringen die synthetischen Stimmen zunehmend auch Unterhaltungsmedien. Besonders in den sozialen Medien werden sie verstärkt für Voice-Over kurzer Videoclips verwendet. Die TTS-Funktionen sind mittlerweile direkt in den Bearbeitungsprogrammen der jeweiligen Applikationen integriert (Milz 2021). Hierbei sind die künstlichen Stimmen in der Regel eindeutig als solche zu erkennen. Die Social-Media-Plattform TikTok führte im Jahr 2024 die Möglichkeit ein, Voice-Over der eigenen Stimme per KI generieren zu lassen, um damit anschließend Videos per Text-to-Speech zu vertonen. Die Technologie hinter der Funktion basiert auf dem System „StreamVoice" des chinesischen Technologieunternehmens ByteDance. Dieses benötigt nur wenige Aussagen einer Person, um deren Stimme zu replizieren (Hutchinson 2024; Wang, Z. et al. 2024). Das Modell ist zudem in der Lage, beliebige Stimmen in Echtzeit über die Stimme eines Sprechers zu legen, wodurch auch Audio-Deepfakes möglich sind (Hays 2024, Wang, Z. et al. 2024, S. 1–4). Auch andere Systeme wie der „Text-to-Speech Voice Filter" (Gabrys et al. 2022) oder „InstantSpeech" (Du/Liu/Lai 2025) sind in der Lage, aus nur einminütigem Trainingsmaterial hochqualitative synthetische Stimmen zu erstellen (Gabrys et al. 2022, S. 7902–7905) und diese exakt parallel wiederzugeben (Du/Liu/Lai 2025, S. 4).

Voice Cloning und ein Text-to-Speech System machen sich auch Wei et al. (2024) zunutze, um personalisierte Hörbücher mit der eigenen Stimme zu erzeugen. Um hierbei eine dynamische und narrative Erzählweise zu gewährleisten, reproduziert das System nicht einfach nur die Stimme des Nutzers, sondern passt deren stimmliche Charakteristik durch eine vorherige Analyse der Geschichte, den Charakteren und den Umständen entsprechend durch verschiedene Tonlagen und Sprechgeschwindigkeiten an (Wei et al. 2024, S. 2–3).

Auch Podcasts können, neben künstlicher Musik, durch synthetische Stimmen ergänzt oder sogar vollständig durch GenAI produziert werden. Im Jahr 2023 wurde das Format eines der weltweit am meisten gehörte Podcasts, „The Joe Rogan Experience", vollständig durch KI reproduziert. Weder Joe Rogan noch seine interviewten Gäste, die allesamt aus bekannten Persönlichkeiten bestanden, waren in die Produktion involviert. Die 50-minütigen Folgen wären für neue Zuhörer ohne vorherige Informationen kaum als KI-generiert identifizierbar gewesen (Kall 2023; Morris 2024, S. 1). Programme wie Googles NotebookLM erzeugen aus gewünschten Informationen Skripte in Form eines Dialogs und vertonen diese mit zwei unterschiedlichen synthetischen Moderatorinnen und Moderatoren. Obwohl NotebookLM vorrangig als KI-Tool zur Unterstützung von Recherche und Forschung dient, sind die Themen der Podcasts flexibel vom Nutzer wählbar und können somit auch in der Medienbranche Anwendung finden (Brien 2024; Dihan 2024, S. 215–216; NotebookLM 2024).

Die BBC startete im Jahr 2024 eine Testphase für eine Art personalisierten Podcast namens „Sounds Daily". Das System erstellt jeden Morgen eine individuelle Radioshow, basierend auf den Hörvorlieben und der verfügbaren Fahrzeit. Inhalte wie Nachrichten, Musik und Informationen werden in eine individuelle Reihenfolge und Gewichtungsverhältnis gebracht. Möchte der Hörende den Montag nicht mit Nachrichten beginnen, an den übrigen Tagen aber schon, kann er dies einmalig in eine Umfrage angeben und bekommt damit jeden Tag eine neue Auswahl an Inhalten generiert (Harrison/Amoah/Rusznica 2024).

Auch im Bereich Synchronisation können die synthetischen Stimmen sowohl herkömmliche Vorgehensweisen effizienter gestalten als auch völlig neue Möglichkeiten erzeugen. Auf der Videoplattform Youtube ist es seit 2023 möglich, Videos mithilfe des integrierten KI-Tool Aloud in eine andere Sprache zu synchronisieren. Aloud transkribiert den Inhalt des Videos, übersetzt ihn in die gewünschte Sprache des Zuschauers und erstellt die Synchronisation per synthetischer Stimme an den passenden Stellen. Die Videoproduzierenden haben die Möglichkeit, das Transkript einzusehen und Fehler zu korrigieren (Nordenbrock 2023; Aloud 2025). Artioli et al. (2025) haben dieses Konzept weiterentwickelt und verbessert. Neben der Transkription des gesprochenen Texts erstellt das System einen Stimmenklon anhand der Stimmcharakteristik und erfasst Emotion sowie Intonation, um den exakten Tonfall reproduzieren zu können. Die Übersetzung wird anschließend in der Stimme und dem Tonfall des Originals wiedergegeben. Zusätzlich werden auch vorherige Umgebungsgeräusche miteingefügt (Artioli et al. 2025, S. 75). Auch der Streamingdienst Prime von Amazon bietet seit März 2025 für ausgewählte Filme und Dokumentationen, die nicht synchronisiert wurden, eine KI-Synchronisation an. Aktuell beschränkt sich dies auf die englische und spanische Sprache und ist zudem noch ausbaufähig. Dennoch eröffnet es einem breiten Publikum die Möglichkeit, bestimmte Filme anzusehen und zu verstehen (Amazon 2025; Peterson 2025).

Im Gegensatz hierzu nutzen Yang et al. (2024) die visuellen Aspekte innerhalb eines Videos, um daraus eine Audio Beschreibung aus einer Erzählerperspektive zu generieren. Das „Synchronized Video Storytelling System" soll im Vergleich zu herkömmlichen Video-to-Text-Systemen das Video nicht nur mit einer akustischen Beschreibung der Szenen unterlegen, sondern auch eine Voice-Over in

Form einer Erzählung oder Erklärung aus Sicht des Videoprotagonisten erzeugen, die sich zudem zeitlich exakt an die Szenen anpasst (Yang et al. 2024, S. 1–3).

Beim Thema Gesang überschneiden sich KI-Musik und synthetische Stimmen. Während im Jahr 2018 das erste Album „Hello World" bereits vollständig von der KI „Flow-Machines" komponiert wurde, stammten die Stimmen hier noch von echten Sängern (Flow-Machine 2018). 2023 wurde der erste vermeintlich vollständig KI-generierte Deepfake-Song „Heart on my Sleeve" mit den Stimmen der Künstler Drake und The Weeknd veröffentlicht. Hierbei stellte sich jedoch später heraus, dass der Song von Menschen geschrieben, komponiert und gesungen wurde, lediglich die Stimmen wurden im fertigen Produkt mithilfe von Voice Cloning durch die der Künstler ersetzt (Hiatt 2023, S. 54). Auf dieser technologischen Grundlage entstanden weitere Deepfake Songs in Form stimmlich manipulierter Klassiker. Bereits verstorbene Künstler wie Freddy Mercury oder Johnny Cash „sangen" „My heart will go on" oder „Barbie Girl" (Heinrich 2023).

Obwohl es in den Jahren 2022 mit „VISinger" (Zhang 2022) und 2023 mit „CoMoSpeech" (Ye 2023) bereits erste Singing Voice Synthesis (SVS)-Modelle gab, die vollständig KI-generierte Singstimmen erzeugten, zeigten sich erst durch moderne generative KI-Architekturen tatsächliche Fortschritte im Bereich realistischen synthetischen Gesangs (Byun et al. 2024, S. 12622; Dai et al. 2024, S. 3229; Hwang/Lee/Lee 2025, S. 1). Die SVS-Systeme basieren auf Audio Autoencodern und Diffusionsmodellen, benötigen aufgrund von Tonhöhenvariabilität und längerer Vokaldauer mehr Trainingsdaten als einfache TTS-Programme und sind hierdurch in der Lage, hochqualitative und vielfältige Gesangstimmen zu erzeugen (Hwang/Lee/Lee 2025, S. 1–9). Seit 2024 ist es durch diese Technologien möglich, mit Programmen wie Suno AI oder Udio AI vollständige Songs zu generieren (Suno 2025; Udio 2025). Die Eingabe weniger Prompts genügt, um Inhalte und Genre festzulegen. Die KI übernimmt die Komposition der Musik, das Schreiben des Songtextes, das Singen und die Generierung eines vollständigen Songs (Wilson/Barlow 2025).

Im Jahr 2024 schaffte es ein vollständig KI-generierter Song in die Top 50 der meistgehörten Songs in Deutschland. „Verknallt in einen Talahon" von Butterbro war ursprünglich als Parodie gedacht und verdankt seinen Erfolg vermutlich eher dem kontroversen Songtext in Kombination mit konträrer Schlagermusik als überragender musikalischer Qualität und Leistung. Dennoch demonstriert dieses Beispiel die Möglichkeiten und Durchsetzungskraft der Technologie (Oltermann/Cole 2024).

3.4 Audiovisuelle Inhalte

3.4.1 Deepfake Avatare und Moderatoren

Während sich die Künstliche Intelligenz bislang auf die Generation alleinstehender Inhalte oder Inhaltskomponente konzentrierte, beschreiben audiovisuelle Medien die Kombination aus generativen visuellen Inhalten und synthetischen Stimmen oder Musik. Hierbei reicht das Spektrum von synthetischen Nachrichtensprechern bis hin zu vollständig vertonten Animationsfilmen, wodurch vielfältige Möglichkeiten zur Integration und Nutzung von Künstlicher Intelligenz entstehen.

Zur Generierung sprechender Charaktere gibt es unterschiedliche Vorgehensweisen. So entwickelte NVIDIA ein Audio-to-Speech-System, dessen neuestes Modell „Audio2Face-3D“ Charaktere mittels Lip Sync passend zum Audiomaterial sprechen lässt und zudem Emotionen visuell einbindet. Das System analysiert die Audio-Datei und extrahiert neben dem Gesprochenen, Informationen zur Emotionalität, um diese auf dem Gesicht des Charakters widerzuspiegeln (NVIDIA 2023; NVIDIA 2025). Meta veröffentlichte im April 2025 das KI-System „MoCha“, das Text in sprechende Charaktere umwandelt und dabei auch die Bewegung des Körpers entsprechend berücksichtigt, um ein möglichst natürliches Ergebnis zu erzeugen (Wei et al. 2025, S. 2). Im Gegensatz zu NVIDIA ermöglicht das Modell neben 3D-Animationen auch die Generierung realistisch wirkender Menschen. „MoCha“ basiert auf einem Diffusions-Transformer-Modell und generiert aus einem Text Prompt mit Beschreibungen aller visuellen Aspekte sowie einem Audio Input einen vollständigen Videoclip. Charaktere, Szenenzahl und Umgebungsdesign sind hierbei individuell steuerbar. Das System kann Dialoge zwischen Charakteren mit Schnittszenen generieren und passt die Bewegungen der Charaktere visuell an das Gesprochene an, um natürlich wirkende Unterhaltungen darzustellen (Wei et al. 2025, S. 3–8).

KI-Avatare werden bereits in vielen, primär asiatischen, Ländern seit einigen Jahren standardmäßig als Moderatorinnen und Moderatoren genutzt, während das Vorgehen in westlichen Ländern noch mit Skepsis und Zurückhaltung betrachtet wird. Seit 2018 moderieren in China die weltweit ersten KI-Moderatoren für den staatlichen Nachrichtendienst Xinhua. 2019 wurden sie durch eine weitere Moderatorin ergänzt. Die Avatar-Moderatoren wurden nach dem Vorbild realer Nachrichtensprecherinnen und -sprechern des Unternehmens entworfen und nutzen auch eine synthetische Kopie derer Stimmen. Im Laufe der Jahre haben sich die virtuellen Avatare in unterschiedlicher Form auf vielen asiatischen Plattformen etabliert, sie unterstützen als Übersetzende für Gebärdensprache oder

Verkaufsassistentinnen und -assistenten (Levy-Landesberg/Cao 2025, S. 229–231, 246). Hierbei ist zu beachten, dass die KI-Moderatoren in Asien als „Erweiterung der eigenen Person“ verstanden werden, die mit den Menschen arbeiten und so auch eine Art Autorität erlangen. Die KI wird jedoch nicht als Ersatz für den Menschen wahrgenommen (Levy-Landesberg/Cao 2025, S. 246). Bohacek und Farid (2023, S. 2) erklären, dass insbesondere die Nachahmung realer Nachrichtensprecherinnen und -sprecher mit unserem derzeitigen Stand der Technik sehr einfach umsetzbar ist. Die Menge an bestehenden Aufnahmen von Nachrichtensprecherinnen und -sprechern ermöglicht ein einfaches Kopieren der Stimme sowie die anschließende Produktion eines neuen Textes mithilfe von Voice Cloning. Mittels Lip Sync-Verfahren kann dieser auf Aufnahmen der Moderatorin oder des Moderators übertragen werden. Jedoch ist durch generative KI auch die Erstellung einer gänzlich neuen Person in Form von Nachrichtensprecherinnen oder -sprechern und deren Vertonung kein Problem (Bohacek/Farid 2023, S. 2–3).

Weltweit entstehen immer mehr KI-generierte Nachrichtensprecherinnen und -sprecher, sowohl animiert in 3D als auch in realistischer Form (Levy-Landesberg/Cao 2025, S. 246–247). In Israel kam hierdurch einem an der Nervenkrankheit ALS erkrankten, TV-Journalisten ermöglicht werden, weiterzuarbeiten. Obwohl er selbst nicht mehr in der Lage ist, flüssig zu sprechen, werden auf der Grundlage alter Aufnahmen mithilfe von Voice Cloning seine Stimme reproduziert und seine neu geschriebenen Berichte mittels Lip Syncing auf ihn übertragen (Redaktions Netzwerk Deutschland 2025). Auch in Deutschland führte der WDR mit Tony im Jahr 2023 seinen ersten KI Co-Moderator ein. Das Format „Unser Leben mit KI“ beschäftigt sich jedoch aktiv mit der Thematik, wodurch Tony durch seine Moderation zeitgleich den Inhalt der Sendung widerspiegelt. Während Tony noch nicht in der Lage ist, live zu moderieren, generiert er seine Texte trotzdem vorab selbstständig. Hierfür wurde ChatGPT mit Informationen über Tony angelernt, um daraus eigene Charakterzüge zu entwickeln. Die Thematiken der Sendung werden dann mit dem Chatroboter diskutiert, um einen Dialog zu kreieren, der später von dem KI-Moderator gesprochen wird (Seidel 2023).

Deepfake- und Avatar-Technologien können auch kreativ eingesetzt werden, um vollständig neue Formate zu entwickeln. Im Dezember 2024 startete auf ProSieben eine neue Satire-Nachrichtensendung, die bewusst Deepfakes und künstlich generierte Inhalte nutzt. „Fake News – Alles erstunken und erlogen“ wird von Linda Zervakis moderiert und beschäftigt sich mit aktuellen Themen, verfälscht und parodiert diese jedoch mithilfe von KI, um „Humor und Aufklärung zu vereinen“ (Sommer 2025). Neben Comedy können die synthetischen Menschen auch für lehrreiche Zwecke, unter anderem in Dokumentationen oder

Filmen nach wahren Begebenheiten, genutzt werden. Lees (2024, S. 108) untersuchte verschiedene Dokumentarfilme, die Deepfakes als künstlerisches Mittel in ihrer Produktion nutzten. Francesca Panetta und Halsey Burgund erschufen 2019 mit „In Event of Moon Disaster" einen Kurzfilm, der einen alternativen Verlauf der Geschichte darstellt, falls die Mondmission der Apollo 11 gescheitert wäre. Mithilfe von Deep Learning Technologien wurde ein Deepfake des damaligen U.S.-Präsidenten Richard Nixon erstellt, indem er mit seiner Stimme und passenden Bewegungen die vermeintliche Rede im Unglücksfall hält (Lees 2024, S. 112–116; Panetta/Burgund 2019). Während es hierbei um einen alternativen Verlauf der Geschichte geht, zeigen Martini, La Tessa und Zolezzi (2024, S. 82), dass Deepfakes auch genutzt werden können, um bekannte geschichtliche Figuren „wiederzubeleben". Hierfür kreierten sie auf der Basis von Open-Source KI-Modellen einen sprechenden Avatar in Form des Meeresbiologen Raffaele Issel. Prozesse wie diese erlauben die Erstellung interaktiver Dokumentationen oder können auch für Ausstellungen in Museen nützlich sein (Martini/La Tessa/Zolezzi 2024, S. 83–88).

3.4.2 Digitale Schauspieler und Synchronisation

Deepfake-Technologien im audiovisuellen Bereich zielen jedoch nicht darauf ab, Kreativschaffende vor der Kamera vollständig zu ersetzen. Die innovativen Möglichkeiten der Technologie können die Arbeit von Schauspielerinnen und Schauspielern sowie Produzentinnen und Produzenten unterstützen.

Um einen schwedischen Sci-Fi Film einem breiteren Publikum zu ermöglichen, wurde der Film „Watch the Skies" visuell synchronisiert. Flawless AI, das KI-Unternehmen hinter dem Prozess, nennt die Synchronisation mittels KI „Vubbing" (Visual Dubbing). Während die Schauspieler selbst die englische Übersetzung im Tonstudio aufgenommen haben, sorgt die KI-Technologie dafür, dass sich die Lippen entsprechend der neuen Sprache bewegen. Diese Technik kann ein natürlicheres Filmerlebnis erzeugen, ohne dem Film den „schwedischen Touch" zu rauben, welcher durch den Akzent der Schauspielenden suggeriert wird (Flawless 2025, 1:38; Gray 2025). Im Gegensatz dazu wurde im Film „The Brutalist" KI genutzt, um fremdsprachige Dialoge der Schauspielenden authentischer klingen zu lassen. Adrien Brody und Felicity Jones spielen ungarische Immigrierende in Amerika und sprechen in Teilen des Films ungarisch. Trotz Dialekt-Coachings stellten sich bestimmte Laute der Ungarischen Sprache als nicht artikulierbar für die englischsprachigen Schauspieler heraus. Mithilfe eines

KI-Systems namens „Respeecher“ wurden die ungarischen Dialoge der Schauspielenden durch einzelne Laute und Buchstaben ergänzt, um das ungarisch vollständig authentisch klingen zu lassen (Roxborough 2025; Pulver 2025). Für seine Rolle gewann Adrien Brody den Oscar für den besten Darsteller (Martin/ Manuel 2025).

Mit „MovieAgent“ stellen Wu, Zhu und Shou (2025, S. 1) eines der ersten Rahmenmodelle vor, das vollständige animierte Kurzfilme generiert. Vergleichbar mit den Drehbuch- und Storyboard Programmen werden auch hier unterschiedliche Agenten auf LLM-Basis eingesetzt, um die nötigen Schritte der Kurzfilmproduktion umzusetzen und final ein kohärentes Video mit Audiospur zu erstellen (Wu/ Zhu/Shou 2025, S. 2–5).

Die KI-Filmproduktionsfirma Storybook Studios veröffentlichte im Jahr 2024 die erste vollständig KI generierte Cartoon Serie „Space Vets“. In einem Podcast berichtet Franziska Hansel, die derzeit als AI Filmmaker und Ethics & Bias Officer bei Storybook Studios arbeitet, über den Erstellungsprozess der KI-Serie. Sie erklärt, dass sich das Unternehmen besonders dadurch von anderen Filmemachern unterscheidet, dass die komplette Produktion durch KI „gedacht“ wird. Während die Grundidee der „Space Vets“ noch aus den Köpfen der Filmemacherinnen und -machern kam und das Drehbuch von einer menschlichen Autorin geschrieben wurde, wurden alle folgenden Prozesse Schrittweise von KI ausgeführt. Charaktere wurden zweidimensional erstellt und anschließend in ein dreidimensionales-Modell mit Struktur umgewandelt, um Charakterkohärenz zu garantieren. Um die Charaktere zu animieren wurde ein Motion Transfer System genutzt, vergleichbar mit dem Full-Body-Puppetry-Prozess, um die Kontrolle über die Bewegung zu gewährleisten (Heinz/Hansel 2025). Franziska Hansel beschreibt die Fähigkeiten von KI-Filmproduzierenden, dass das Menschliche an dem finalen Produkt ist, das Verständnis davon zu entwickeln, „wie stecke ich diese Schritte aneinander und wie bringe ich das Paket vom einem zum nächsten Schritt [...] man muss zuerst wissen, wie man so etwas aufbauen kann“ (Heinz/Hansel 2025, 07:05). Das Unternehmen zeigt ein gutes Beispiel, wie Menschen mit der Technologie arbeiten können ohne sich ersetzen zu lassen und wie menschliche Kreativität auf eine neue Weise umgesetzt werden kann.

3.5 Technologische und wirtschaftliche Limitationen

3.5.1 Disruption traditioneller Medienmodelle

Die Darstellung derzeitiger, durch generative Künstliche Intelligenz und Deepfake-Technologie unterstützte, Produktionsprozesse der Medienbranche zeigt, wie sich die Technologie nachdrücklich in bestehende Prozesse integriert und somit strukturelle Veränderungen mit sich bringt. Ausgelöst durch diese Integration entwickeln sich sowohl neue und innovative Arbeitsweisen als auch erhebliche Herausforderungen, welche sich disruptiv auf traditionelle Vorgänge, Medienmodelle und Strategien auswirken.

Sowohl Bender (2024, S. 2) als auch Halperin und Rosner (2025, S. 16) konnten durch die Integration von GenAI in die Medienproduktion zwei Problembereiche feststellen. Zum einen betonen sie die „industrielle Auswirkungen" (Bender 2024, S. 2) auf den „Arbeitsmarkt" (Halperin/Rosner 2025, S. 16) und damit die Veränderung etablierter Produktionsprozesse. Medienschaffende befürchten, dass menschliche Arbeit durch die fortschreitende Automatisierung an Wert verliert, zunehmend ersetzt wird und dies zu Lohnkürzungen oder dem Verlust von Arbeitsplätzen führt (Halperin/Rosner 2025, S. 16). Die Auswirkungen dieser Ängste zeigten sich eindrücklich durch die Streiks der Drehbuchautorinnen und -autoren sowie Schauspielerinnen und Schauspieler in Hollywood 2023, welche erst niedergelegt wurden, als festen Regelungen zur Nutzung von KI und der damit verbundenen Anstellungsverhältnisse und Bezahlungen Kreativschaffender zugestimmt wurden (WGAW 2024). Zum anderen wird auf die Gefahr des Stellenwertverlusts menschlich geschaffener Inhalte und einer daraus resultierenden Untergrabung der Authentizität, Emotionalität und Kreativität von Menschen und Menschengeschaffenem, eingegangen (Halperin/Rosner 2025, S. 16) sowie dem Verlust der „Sinnhaftigkeit menschlicher Arbeit" (Bender 2024, S. 2).

Während diese Ängste durchaus berechtigt sind, lässt sich im Hinblick auf das letzte Kapitel ein Trend zu co-kreativen Mensch-Maschine-Systemen erahnen. Im Sinne dessen beschreiben Yuying Tang et al. (2025, S. 15) eine Verschiebung traditioneller (Drehbuch-) Autorinnen und Autoren zu kollaborativen Mensch-KI-Modellen. Zwar werden Sprachmodelle bereits genutzt, um einfache auf Datenanalyse basierende Berichte selbstständig zu schreiben (Abschnitt 3.1.1), allerdings kommt kein System ohne menschliches Zutun aus. Hansel beteuert, dass die Arbeit mit der Künstlichen Intelligenz nicht nur daraus besteht „eine Idee zu haben, den roten Button zu drücken und dann ist das Produkt fertig" (Heinz/Hansel 2025, 07:00). Das Training der KI auf den Stil des jeweiligen

Nutzenden und ein transparentes Arbeiten mit der Technologie soll die Identität der Kreativschaffenden in der Nutzung schützen (Tang, Yuying et al. 2025, S. 15). Die KI verändert die Arbeitsprozesse und die Anforderungen nicht nur für die Arbeitnehmerinnen und -nehmer, sondern auch für die Unternehmen. Dadurch insbesondere Medienunternehmen vor der Aufgabe stehen innerbetriebliche Prozesse wie Arbeitsorganisation oder auch Weiterbildungen entsprechend anzupassen.

Disruptive Veränderungen durch die Digitalisierung sind auch in der Distribution, insbesondere von Nachrichtenmedien, zu spüren. Das Publikum sowie dessen Erwartungen und Medienkonsumverhalten erleben einen digitalen Umschwung. Unter anderem wird davon ausgegangen, dass sich die Nachrichtendistribution von einem „pull", ausgelöst durch Konsumierende, zu einem „push" zu den Konsumierenden, entwickelt. Das Verbreitungssystem von Nachrichten muss dementsprechend angepasst werden (Caswell 2024, S. 178). Der Nachrichtendienst BBC etabliert derzeit eine KI-Abteilung, die sich durch personalisierte Inhalte auf Social-Media-Kanälen auf eine jüngere Zielgruppe spezialisiert (Savage 2025). Ebenfalls berichtet Bloombergs News Automation Team, bereits seit 2015 im Einsatz, dass mit der stetigen Entwicklung der Technologie, die Komplexität und Möglichkeit der automatisch zu generierenden Inhalte zunimmt und sich den Bedürfnissen der Konsumentinnen und Konsumenten anpasst. Die Autorinnen und Autoren betonen ihre langjährige Erfahrung mit automatisierten Nachrichten als geeignete Grundlage für die Arbeit mit generativer KI (Quinonez/Meij 2024, S. 195–197). Die New York Times führten im letzten Jahr Teams von KI-Spezialisten ein. Neben KI-Trainings für Mitarbeitende, sind diese dafür verantwortlich, das volle Potenzial der Technologie auszuschöpfen, das interne GenAI-Tool „Echo" mit Bedacht in den journalistischen Arbeitsprozess einzubinden und dabei ethisch und transparent vorzugehen (New York Times Company 2024; Tani 2025). Alle Quellen betonen, dass die KI hierbei als reines Werkzeug der Zuarbeit gilt und in keiner Weise menschliche Journalistinnen und Journalisten ersetzt (Caswell 2024, S. 184; New York Times Company 2024; Newman/Cherubi 2025, S. 31).

Hildesheim und Michelsen (2021, S. 185) erklären die disruptive Wirkung der KI anhand des „magischen Dreiecks", einem Ansatz der ursprünglich dem Projektmanagement zuzuordnen ist. Das Dreieck setzt sich aus Kosten, Zeit und Qualität bzw. Leistung zusammen. In der Regel sorgt Innovation für eine Steigerung einer der drei Punkte und eine damit einhergehende Verschlechterung der anderen Seiten. Möchte man etwas günstiger produzieren, wirkt sich dies negativ auf die Zeit und/oder die Qualität aus (Hildesheim/Michelsen 2021, S. 185–187). Die Betrachtung des Einsatzes unterstützender Systeme im Journalismus, liefert ein gutes Beispiel. Während die grundlegende Schreibarbeit bei der Journalistin oder dem Journalisten bleibt und dadurch das finale Produkt ein menschliches Werk ist, kann KI genutzt werden, um schnell und ohne Kosten, nötige Daten zusammenzufassen und Geschriebenes korrigieren lassen um für eine hohe Qualität des Endproduktes zu sorgen. Dies bedeutet, dass sich sowohl Kosten als auch Zeit und Qualität verbessern sich und es tritt eine disruptive Wirkung auf das System ein. (Hildesheim/Michelsen 2021, S. 185–187*)*. Jedoch stellt sich hierbei die Frage, inwieweit vollständig KI generierte Inhalte die Qualität tatsächlich verbessern können.

3.5.2 Qualität und Erkennbarkeit von KI-generiertem Content

Mit den digitalen Umschwüngen in der Medienbranche und den damit einhergehenden Veränderungen der Produktionsprozesse entstehen Fragen bezüglich der Qualität der Inhalte, deren Wahrnehmung durch die Konsumentinnen und Konsumenten und ob diese Inhalte als KI-generiert erkennbar sind.

Betrachtet man die Qualität von Medien, kann man nach von Rimscha, Ehrlich und Siegert (2025, S. 28–29) zwei Ebenen unterscheiden. Zum einen kann die Qualität der Produktion und damit das „handwerkliche Können" und die „Leistungsfähigkeit" des Erzeugers der Medien betrachtet werden. Zum anderen kann Qualität auch an den „ethischen, normativen und rechtlichen Eigenschaften der Medieninhalte" bemessen werden (von Rimscha/Ehrlich/Siegert 2025, S. 28). Traditionelle Inhaltserstellungsprozesse unterscheiden sich jedoch maßgeblich von der vollständigen Generierung durch KI. Während der Mensch sein handwerkliches Können und seine Leistungsfähigkeit durch viel Übung, Talent und Erfahrungen entwickelt, bestimmt die Modellarchitektur des KI-Systems und dessen Feinabstimmung die jeweilige Qualität des erhaltenen Inhaltes. Zudem ist der Mensch in der Lage, sich bewusst dazu zu entscheiden, ethisch in seiner Arbeit vorzugehen. Die KI hingegen basiert auf statistischen Wahrscheinlichkeiten und ihren erlernten Mustern, wodurch die Qualität der Trainingsdaten zusätzlich entscheidend für die Qualität der endgültigen Inhalte ist.

Ein weiterer Faktor mit Einfluss auf die Qualität ist die in Abschnitt 2.3.1 bereits erwähnte Halluzination. Es kann vorkommen, dass insbesondere Sprachmodelle Informationen erfinden, diese jedoch logisch und nachvollziehbar klingen. Dadurch werden Menschen unbewusst manipuliert und die Qualität wird aufgrund von Falschinformationen beeinflusst (Krieger-Lamina 2025). Im Umkehrschluss bedeutet dies jedoch nach Krieger-Lamina (2025), dass „in einer Welt voller KI-generierter Falschinformationen, Qualitätsjournalismus einen höheren Stellenwert bekommt“. Diese These ist auch auf die anderen Bereiche der Medienbranche anwendbar. KI-Systeme, die den Produktionsprozess jedoch lediglich unterstützen, können sich positiv auf die Qualität auswirken (Aleessawi/Alzubi 2024, S. 47–48).

Je besser die Qualität der generierten Inhalte allerdings wird, desto schwerer fällt es den Menschen diese zu erkennen und als synthetisch wahrzunehmen. Insbesondere die synthetische Darstellung von Menschen sowohl in visueller als auch in auditiver Form, stellt sich als ethisch und moralisch fraglich dar, falls diese nicht klar als solche zu erkennen sind. Mit der Entwicklung generativer Modelle wirken Deepfake Inhalte zunehmend realistischer und die Erkennung mit dem bloßen Auge wird zur Herausforderung. Eine aktuelle Studie des englischen Technologieunternehmens iProov testete 2000 Probanden aus Großbritannien und den U.S.A. mit Deepfake Bildern und Videos. Es zeigt sich, dass vorwiegend Menschen höheren Alters anfällig dafür sind, Deepfakes nicht als solche wahrzunehmen. Besonders prägnant belegen die Ergebnisse jedoch, dass es sich als schwieriger herausstellt, Deepfake-Videos im Vergleich zu Deepfake-Fotos zu erkennen. Alles umfassend konnten nur 0,1 Prozent der Probanden alle Deepfakes enttarnen (iProov 2025). Speziell für den Zweck der Deepfake-Erkennung hat sich ein Forschungszweig namens „Digital Image Forensics Research“ (Forschung zur digitale Bildforensik) gebildet (Chadha et al. 2020, S. 558). Eine Untersuchung von Ebbers et al. (2024, S. 110–114) ergab jedoch, dass Deepfake-Detektoren derzeit noch nicht als ausgereift und sicher gelten. Die Entwicklung der Detektoren versucht jedoch mit dem Stand der Deepfake-Technologie mitzuhalten.

Auch die Deepfake Sprachsynthetisierung entwickelt sich stetig weiter, wodurch die künstlichen Stimmen immer natürlicher klingen (Ebbers et al. 2024, S. 95). Barrington, Cooper und Farid (2025) untersuchten in zwei Experimenten zur Identität und Natürlichkeit von Deepfake-Stimmen mit 220 Probandinnen und Probanden, ob die falschen Stimmen als solche wahrnehmbar sind. Die Studie ergab, dass die falschen Stimmen, sowohl im direkten Vergleich mit echten als auch in ihrer Natürlichkeit, häufig, aber nicht immer, Menschen täuschen können (Barrington/Cooper/Farid, S. 5). Weitere Studien zeigten, dass menschliche Stimmen in der Informationsweitergabe glaubwürdiger als künstliche Stimmen wahrgenommen werden (Dai/Lee/Kim 2024, S. 8742–8743) und dass physiologische Reize, wie Emotionen und Wohlbefinden, eher durch menschliche Stimmen ausgelöst werden können (Rodero/Lucas 2023, S. 1758–1761). Zudem konnten die Probandinnen und Probanden mehr Informationen aus einer menschlichen Hörbuchversion wiedergeben im Vergleich zu einer Alexa-Version (Rodero/Lucas 2023, S. 1759). Während hierbei stark synthetische Stimmen wie die der Amazon Alexa genutzt wurden, zeigten Cuciniello et al. (2024), dass die Qualität der synthetischen Stimme großen Einfluss auf die empfundene Wahrnehmung hat. Hochqualitative KI-Stimmen wurden als deutlich positiver wahrgenommen. Zudem haben auch Faktoren wie kulturelle Normen, soziale Einflüsse und individuelle Erfahrungen Einfluss auf die menschliche Beurteilung synthetischer Stimmen (Cuciniello et al. 2024, S. 13–14). Außerdem konnten Schanke, Burtch und Ray (2024, S. 23–26) feststellen, dass Deepfake Kopien der eigenen Stimme vertrauenswürdiger auf Testpersonen wirkten als zufällige synthetische Stimmen.

KI-Detektoren können noch nicht mit der Entwicklungsgeschwindigkeit der KI-Technologie mithalten (Ebbers et al. 2024, S. 113–114) und Kennzeichnungspflichten sind noch nicht vollständig durchgesetzt (Abschnitt 2.3.1). Deshalb sollten Medienschaffende selbst die Verantwortung übernehmen und Konsumierende über die Benutzung von KI aufklären und diese entsprechend kennzeichnen, um die Qualität der Inhalte und das Vertrauen der Konsumenten zu wahren.

4 Ökonomische, gesellschaftliche und ethische Dimensionen generativer Künstlicher Intelligenz und Deepfakes in der Medienbranche

4.1 Ethische Implikationen und gesellschaftliche Auswirkungen

4.1.1 Verbreitung von Fake News und Desinformation

Die Erstellung medialer Inhalte mithilfe generativer Künstlicher Intelligenz ist trotz ihrer innovativen Eigenschaften aufgrund der unkomplizierten Erzeugung und Verbreitung von Fehlinformationen, technologischer Unwissenheit und daraus resultierendem Misstrauen, häufig negativ in der Gesellschaft verankert. Die Verbreitung falscher Informationen durch sogenannte Fake News ist jedoch kein Phänomen der Neuzeit. Die falschen Nachrichten zählen aufgrund ihrer gezielten Streuung von Desinformation zur Täuschung und Manipulation von Menschen seit jeher als Gefahr (Bock 2025, S. 51).

Mit der generativen KI und Deepfake-Technologien entstanden jedoch neue Möglichkeiten, insbesondere zur Fälschung von visuellen und akustischen Inhalten mit einem gewissen Informationsgehalt (Raemy/Puppis/Gurr 2024, S. 206–208; Bock 2025, S. 51–54). Während sich Fake News in erster Linie auf die Nachrichtenproduktion und den Journalismus beziehen und hierdurch auch „politisch höchst aufgeladen" sind, empfehlen Pawelec und Bieß (2021, S. 23) sich im Zusammenhang mit Deepfakes auf den Begriff der Desinformation zu konzentrieren. Dieser umfasst das Problem weitreichender und fokussiert sich auf geplante Täuschungsversuche. Zudem brachte die Digitalisierung strukturelle Änderungen mit sich, sowohl in Bezug auf das Konsumverhalten und Informationsbezug als auch auf die Verbreitung von Informationen über die verschiedenen Medienbereiche. Soziale Netzwerke und Messengerdienste haben maßgeblich zur Beschleunigung der Verteilung von Falschinformationen beigetragen. Zudem

N. A. Brecht, *Deepfakes und generative Künstliche Intelligenz in der Medienbranche*, BestMasters, https://doi.org/10.1007/978-3-658-50525-7_4

wirkt sich die Angst bewusster Irreführung und Manipulation medienübergreifend auf das Vertrauen der Konsumierende in die Medienbranche aus (Raemy/Puppis/Gurr 2024, S. 206).

Die Zugänglichkeit von KI-Programmen spielt hierbei eine entscheidende Rolle. Jeder ist in der Lage, auf die unzähligen KI-Systeme zuzugreifen, diese ohne spezielles Fachwissen zu nutzen (Barari/Lucas/Munger 2025, S. 1) sowie erstellte Inhalte im Internet, besonders auf den sozialen Netzwerken, in Sekundenschnelle zu teilen (Nasiri/Hashemzadeh 2025, S. 230). Nasiri und Hashemzadeh (2025, S. 235) betonen hierbei, dass soziale Medien ihre Inhalte anhand von Algorithmen und entsprechendem Engagement verbreiten. Die Richtigkeit gerät in den Hintergrund, solange die Inhalte Aufmerksamkeit und Klicks erzeugen. Auf der einen Seite werden Politikerinnen und Politiker, aber auch generell bekannte Persönlichkeiten, werden schnell Opfer dieser Angriffe. Auf der anderen Seite sind jedoch auch die Menschen als Opfer betroffen, die die falschen Nachrichten für echt halten (Barari/Lucas/Munger 2025, S. 1–2).

Die im letzten Kapitel dargestellte Verbesserung der Qualität und Erweiterung der Nutzungsmöglichkeiten verschärft die Angelegenheiten umso mehr, da die Inhalte immer weniger von der Realität zu unterscheiden sind. Um diese Möglichkeiten einzuschränken, verfügen manche Systeme über Restriktionen in der Erstellung. OpenAI verhindert die Erstellung, Bearbeitung und Imitation realer Personen, ohne deren Zustimmung und Minderjähriger. Zudem können auch keine unangemessenen oder schädlichen Inhalte jeglicher Form erstellt werden. Die Einschränkungen beziehen sich auf den in ChatGPT integrierten Bildgenerator Dall-E und den Videogenerator Sora (OpenAI 2025c).

Barari, Lucas und Munger (2025, S. 10–12) stellten in einer Untersuchung fest, dass der visuelle Aspekt der Deepfakes sich nicht stärker auf die Glaubwürdigkeit und Manipulationskraft auswirkt als andere gefälschte Medien in beispielsweise Text oder Audio-Form. Trotzdem dürfen die Auswirkungen verfälschter Medien nicht unterschätzt werden. Nasiri und Hashemzadeh (2025, S. 235) betonen die Relevanz der Entwicklung besserer KI-Detektoren, übergreifender Regulierungen und medialer Aufklärungsstrategien.

4.1.2 Akzeptanz maschineller Kreativität

Die Kreativität zählt nach Wirtz (2023, S. 132–133, 192) zu den zentralen Kernerfolgsfaktoren von Medienschaffenden und ist branchenübergreifend unerlässlich für die Gestaltung von Inhalten sowie die Entwicklung neuer Formate. Die Fähigkeit, von Grund auf neuen und originellen Content in Form von Text-, Bild-,

Video- oder Audio-Inhalten zu erzeugen, ist substantiell für Berufe in der Filmproduktion (S. 357), im Journalismus, in der Moderation (S. 544) oder auch in der Musikproduktion (Wirtz 2023, S. 592). Mit der Entwicklung der KI und ihrem Einfluss auf genau diese Produktionsprozesse treten jedoch immer mehr Fragen zu den kreativen Kompetenzen der Maschinen und ihrer Fähigkeit, etwas völlig Neues zu schaffen, auf. Insbesondere der GenAI wird ein erweitertes kreatives Spektrum im Erstellungsprozess und aufgrund ihrer innovativen ML- und DL-Vorgänge, die Generierung kreativer Inhalte nachgesagt (Wecke 2024, S. 7, 13).

Um die Kreativität im Zusammenhang mit der Künstlichen Intelligenz besser zu verstehen, empfiehlt Bock (2025, S. 41) eine Unterscheidung in die „kreative Kombination aus Bestehendem" und in „die Schöpfung etwas vollkommen Neuen". Der erste Aspekt lässt sich nochmals in die Veränderung eines bestehenden Konzepts (Biegen), der Kombination zweier Ideen (Mischen) und der Dekonstruktion und Neukonstruktion (Brechen), zur Erschaffung von etwas Neuem, unterteilen (Krauss 2023, S. 153–154). In Anbetracht der Generierungsvorgänge der KI lassen sich in diesem Bereich einige Parallelen ziehen. Wie in Abschnitt 2.2.1 erklärt, nutzen KIs Trainingsdaten bestehend aus existierenden Text-, Bild-, Video- oder Audiodateien, lernen mit diesen, verstehen die Zusammenhänge und erzeugen auf dieser Basis etwas Neues.

Außerdem lassen sich die kreativen Konzepte auf einige GenAI Modellarchitekturen übertragen. Transformer arbeiten mit einer Wahrscheinlichkeitsvorhersage basierend auf den angelernten Texten, was somit als Biegen aufgefasst werden könnte, da aus einem bestehenden Konzept durch Neuanordnung etwas Neues entsteht. Das System der GANs könnte durch seinen konkurrierenden Generator und Diskriminator als eine Art Mischung interpretiert werden. Das Brechen lässt sich sowohl auf Autoencoder als auch Diffusionsmodelle anwenden, da beide Architekturen zum einem mit einem Encoder und Decoder, zum anderen durch Rauschen und Denoising, bestehende Grafiken verzerren und wieder neu aufbauen. Der Algorithmus der KI ist damit in der Lage, neue Werke zu kreieren, ohne eine menschliche Schöpfung direkt zu kopieren (Bock 2025, S. 41). Bock vergleicht diese Art der maschinellen Kreativität mit einem Menschen, der inspiriert durch andere Künstler einen eigenen Stil entwickelt, wodurch man die Ergebnisse der generativen KI als kreativ anerkennen kann.

In Kapitel drei wird erklärt, wie die maschinelle Kreativität in mehreren Systemen auf unterschiedliche Weise zum Einsatz kommt. KI-Modelle können als kreatives Werkzeug der Menschen wahrgenommen werden, das die Ideen der Nutzenden umsetzt (Bock 2025, S. 42). Die meisten Systeme werden durch Prompts gesteuert. Der Mensch hat eine Idee und nutzt die KI, um einen Text zu schreiben, ein Bild zu erstellen oder einen Video-Clip zu generieren. Hierbei ist zu berücksichtigen, dass auch das Formulieren guter Prompts Erfahrung und eine besondere Art von Vorstellungsvermögen benötigt, um die richtigen Befehle in der Reihenfolge für das gewünschte Ergebnis zu notieren. Die kreative Arbeit des Menschen verändert und vermischt sich durch die Beteiligung der KI auf eine Weise mit der kreativen Leistung der Maschine, wodurch es schwer wird, die tatsächliche kreative Leistung zu bewerten (Bock 2025, S. 42).

Andere Systeme versuchen jedoch eine co-kreative Mensch-Maschine-Kooperation zu etablieren. Dies ist unter anderem in Abschnitt 3.1.2 bei der Entwicklung der Drehbuch-KIs zu erkennen, da diese nicht nur auf einfachem Prompting basieren. Scriptwriter wie „Dramatron" (Mirwoski et al. 2022) oder „HoLLMwood" (Chen et al. 2024) setzen auf ein interaktives Design, welches den Autor die Geschichte an verschiedenen Punkten des Erstellungsprozesses steuern lässt und somit die Kreativität anregen soll, anstatt sie zu ersetzen. Vergleichbar sind auch einige der Storyboard- und Bilderbuch-Prozesse, die in Abschnitt 3.2.2 beschrieben werden, interaktiver gestaltet. „XCreation" lässt sich neben Prompts durch Skizzen und deren Analyse steuern (Yan et al. 2023). Auch im Bereich der Animation (Abschnitt 3.2.2) sollen die Maschinen eher dazu dienen, stumpfe und langwierige Aufgaben zu übernehmen, um den Menschen mehr Zeit für die kreativen Aufgaben zu überlassen (Guajardo/Bursalioglu/Goldmann 2025; Scheuer 2023).

Hiermit entwickelt sich das KI-System vom Werkzeug über das co-kreative System zu einer Unterstützung, die wiederum dazu dient, die Kreativität des Menschen anzuregen. Mangelnde Inspiration und Kohärenz zählen neben fehlendem Tiefgang und Emotionalität zu den größten Hindernissen im Schreibprozess kreativer Autorinnen und Autoren (Tang, Yuying et al. 2025, S. 5). In ihrer Publikation diskutiert Gilburt (2023, S. 27) die interaktive Mensch-Maschine-Beziehung und wie man mit dieser Schreibblockaden überwinden und kreative Prozesse anregen kann. Autorinnen und Autoren finden Inspiration durch Unterhaltungen mit anderen Menschen. Durch Übertragung dieses Prozesses auf generative Sprachmodelle können auch diese Gespräche als inspirierend wahrgenommen werden und das Schreiben somit anregen.

Gilburt (2023, S. 30–34) berichtet jedoch auch über Autorinnen und Autoren deren Angst ihre eigene Stimme durch die Technologie zu verlieren. Ein Drehbuchautor aus Hollywood beschrieb die Nutzung der KI gegen eine Schreibblockade als eine Förderung der „Faulheit der Vorstellungskraft" (Halperin/Rosner 2025, S. 12). Halperin und Rosner (2025, S. 13–14) führen zudem den Begriff „Ghost Work" ein, welcher beschreibt, dass Menschen nur noch dazu genutzt werden um KI-Inhalte zu vermenschlichen und Lücken zu füllen. Für viele Autorinnen und Autoren fühlt sich die Arbeit mit der KI wie ein unauthentischer kreativer Prozess an, der menschliche Arbeit unsichtbar macht (Halperin/Rosner 2025, S. 13–14, 17).

Die Meinungen gegenüber der Kreativität in Zusammenhang mit KI sind gespalten (Bender 2023, S. 352). Es sind jedoch bereits zukünftige Tendenzen über die Akzeptanz der maschinellen Kreativität zu erahnen. Besonders im Hinblick auf junge Studierende im Mediensektor, für die die Technologie von Beginn an in ihre Lehre integriert war, erkennt Bender (2023, S. 363) eine Veränderung im Umgang mit der Kreativität. Aufgrund der Unumgänglichkeit der Technologie befindet sich die Gesellschaft laut ihm an einem „Punkt, an dem menschliche und maschinelle Kreativität nebeneinander existieren" (Bender 2023, S. 363). Auch wenn die Möglichkeit einer kreativen Maschine äußerst fortgeschritten ist und Innovationspotenzial mit sich bringt, bleibt die menschliche Kreativität eine wichtige Fähigkeit im Sinne der geistigen Schöpfung. Die menschliche Kreativität kann nie vollständig durch eine Maschine ersetzt werden und ihre Förderung sollte immer an erster Stelle stehen (Bock 2025, S. 45).

4.1.3 Auswirkungen auf das Vertrauen und die Akzeptanz in der Gesellschaft

Die zunehmende Verbreitung von Inhalten, die mithilfe generativer Künstlicher Intelligenz oder Deepfake Technologie erstellt werden, stellt eine erhebliche Herausforderung für das Vertrauen in mediale Inhalte und Medieninstitutionen dar. Insbesondere die potenziell manipulative Nutzung zu kriminellen Zwecken nimmt zunehmend Einfluss auf das Vertrauen sowie auf dessen Aufrechterhaltung von Konsumentinnen und Konsumenten (Pawelec/Bieß 2021, S. 5,45).

Weltweit zeigt sich im Verlauf der letzten 15 Jahre ein schwankender, insgesamt jedoch abnehmender Trend des Vertrauens in die Medien (Statista 2025a). Gründe für die Inkonsistenz des Vertrauens können auf unterschiedliche externe Ereignisse, wie Kriege, Krisen, Gesundheitsgefahren oder auch politische Skandale zurückgeführt werden (Quiring et al. 2024, S. 2–3). Während in Deutschland das Vertrauen in die Medien in den letzten 15 Jahren tendenziell eher zugenommen hat, liegt der aktuelle Wert von 44 Prozent („volles Vertrauen in Medien") dennoch unter dem weltweiten Durchschnitt von 52 Prozent. Zeitgleich wächst das Misstrauen („kein Vertrauen in Medien") vieler Bürgerinnen und Bürger, während Unentschlossene („teils/teils") eher rückgängig sind, was auf eine Polarisierung in der Medienwahrnehmung hindeutet (Quiring et al. 2024, S. 2; Statista 2025b).

Auch die Art der Medienquelle ist ein entscheidender Faktor auf das Vertrauensempfinden der Konsumentinnen und Konsumenten. Klassische Medien, wie der öffentlich-rechtliche Rundfunk oder Suchmaschinen, werden als besonders vertrauenswürdig wahrgenommen, während soziale Medien besonders schlecht abschneiden (Quiring et al. 2024, S. 4–6; Statista 2025a). Die Verbreitung KI-generierter Inhalte und Deepfakes verstärkt diese Vertrauenskrise zusätzlich, da die Authentizität medialer Darstellungen zunehmend schwierig überprüfbar wird. In einer Studie aus dem Jahr 2023 gaben 70 Prozent der Befragten an, „Fotos und Videos [aufgrund des technologischen Fortschritts] nicht mehr vertrauen" zu können, zudem gaben 44 Prozent an, „bereits auf ein Deepfake reingefallen" zu sein, während nur 2 Prozent ein „Deepfake als ein solches erkannt" haben (Statista 2023b).

Die Nutzung von Deepfakes zur gezielten Täuschung wirkt dabei wie ein „Brennglas", das bestehende Herausforderungen im Bereich der Medienkompetenz bündelt und verstärkt (Pawelec/Bieß 2021, S. 5). Pörksen (2023) bezeichnet die Auswirkungen der Technologie als „verschärfend" und geht damit auf die „Verstärkung der [medialen] Wahrheits- und Vertrauenskrise" ein. Einer der zentralen Gründe für den Vertrauensverlust der Konsumentinnen und Konsumenten gegenüber der Technologie liegt in der vorherrschenden Wahrnehmung als Instrument bösartiger Zweckentfremdung, während ihr kreatives Potenzial häufig in den Hintergrund tritt (Samuel-Okon et al. 2024, S. 368). Gebündelt mit der Zunahme der Qualität synthetischer Medien, insbesondere realistischer Deepfakes und synthetischer Stimmen (Abschnitt 3.5.2), sowie der einfachen Zugänglichkeit entsprechender Programme (Abschnitt 4.1.1), befürchten viele Menschen, durch die Technologie getäuscht zu werden. Laut Debroy und Hemmige (2024, S. 238) können die Veränderungen von Bildern oder Stimmen von berühmten Persönlichkeiten zur gezielten Beeinflussung der Meinung genutzt werden und starke emotionale Reaktionen hervorrufen (Debroy/Hemmige 2024, S. 238).

Diese Auswirkungen können durch empirische Studien belegt werden. Nach Samuel-Okon et al. (2024, S. 366) empfinden 63,3 Prozent der befragten Medienkonsumentinnen und -konsumenten Deepfake-Inhalte als negativ. Außerdem konnten eine negative Korrelation zwischen der Zunahme von Deepfake-Inhalten in den sozialen Medien und dem Vertrauen der Nutzerinnen und Nutzer festgestellt werden (Samuel-Okon et al. 2024, S. 366–368). Zudem beeinflussen Deepfakes in Unterhaltungsmedien laut Debroy und Hemmige (2024, S. 243) sowohl die Wahrnehmung der Realität als auch das allgemeine Sicherheitsgefühl der Rezipientinnen und Rezipienten.

Während die absichtliche Ausnutzung der Unsicherheit gegenüber medialen Inhalten als „Lügendividende“ bezeichnet wird, kristallisiert sich zudem ein geradezu gegenteiliger psychologischer Effekt heraus. „Doppelgänger-Phobia“ beschreibt die Angst davor, selbst Opfer eines KI-generierten Klons zu werden (Wel 2024). Die Befürchtung des Verlusts und der Ausnutzung der eigenen Identität wirkt sich zusätzlich negativ auf die gänzliche Wahrnehmung der Technologie aus (Lee et al. 2023, S. 11–13).

Zur Verbesserung gesellschaftlicher Akzeptanz von Künstlicher Intelligenz und Deepfakes empfehlen Samuel-Okon et al. (2024, S. 368) aufgrund des zunehmenden Einflusses der Technologie auf alle Medienmärkte, den Fokus auf die Entwicklung besserer Erkennungsmethoden sowie digitale Wasserzeichen oder verlässliche Authentifizierungssysteme zu richten. Die Zunahme entsprechender Sicherheitsvorkehrungen und umfassender Aufklärungsinitiativen, sowohl zu Erstellungsprozessen als auch für Erkennungsmethoden, könnte sich positiv auf die Akzeptanz und das Vertrauen der Gesellschaft auswirken (Oeke et al. 2024, S. 42; Samuel-Okon et al. 2024, S. 370).

Durch die Transformation der Medieninhalte ist langfristig sowohl mit einer Veränderung der Vorlieben als auch der Interaktion mit diesen zu erwarten (Debroy/Hemmige 2024, S. 243). Es ist davon auszugehen, dass sich mit zunehmender Akzeptanz der Technologie auch eine positivere Wahrnehmung etablieren wird und Konsumentinnen und Konsumenten die KI für ihre innovativen Vorgehensweisen und ihr Potenzial für neue Inhalte zu schätzen lernen. Hierbei ist jedoch zu beachten, nicht die menschlichen kreativen Prozesse zu ersetzen, da sich dies wiederum negativ auf die Akzeptanz und Wahrnehmung auswirken könnte (Oeke et al. 2024, S. 42).

4.2 Wertschöpfungspotenziale und Wettbewerbsvorteile

4.2.1 Wertschöpfungsketten-Analyse

Auch aus betriebswirtschaftlicher Sicht können innovative KI-Technologien die Medienbranche bereichern. Die Einbettung der Künstlichen Intelligenz in etablierte Prozesse von Medienunternehmen kann die Wertschöpfung optimieren, Ressourceneffizienz steigern und für Vorteile im Wettbewerb sorgen. Insbesondere Veränderungen der Medienproduktion und die KI-generierte Erstellung von Inhalten durch die Automatisierung kreativer, redaktioneller und technischer Abläufe können Unternehmen für wirtschaftliche Vorteile nutzen (Willbold/Eisenbeis/Ciepluch 2023, S. 7–8; Wirt 2023, S. 84–87; Barenkamp 2025, S. 127–132).

Durch den Einsatz verschiedener Analysemethoden sollen weitere Erfolgsfaktoren von Künstlicher Intelligenz und Deepfake-Technologien identifiziert werden. Hierbei soll der Fokus insbesondere auf den Content-Erstellungsprozessen sowie den in Kapitel drei herausgearbeiteten Innovationspotenzialen liegen, um in einem übergreifenden Rahmen eine fundierte Grundlage für die Entwicklung der folgenden strategischen Handlungsempfehlungen zu schaffen. Anhand der Wertschöpfungskettenanalyse nach Porter (1986) sollen Effizienzpotenziale in der Medienproduktionskette identifiziert werden. Die VRIO-Analyse nach Barney (1991) bildet einen Rahmen anhand der nutzbaren Ressourcen, um zu testen, ob hiermit ein nachhaltiger Wettbewerbsvorteil zu erzeugen ist. Abschließend wird das Umfeld mithilfe einer PESTEL-Analyse untersucht.

Das Modell der Wertschöpfungskette (Porter 1986, S. 62) ist für jede Branche individuell. Im Hinblick auf Medienunternehmen untergliedert Wirtz (2023, S. 86) die Wertschöpfungskette in „Beschaffung von Informationen und Inhalten", „Produktion von Content", „Packaging der Produkte", „technische Produktion" und „Distribution". Willbold, Eisenbeis und Ciepluch (2023, S. 6–7) untersuchten den Einfluss von KI auf die Wertschöpfungsketten großer deutscher Medienunternehmen. Hierbei stellten sich die Inhaltsbeschaffung und die Distribution als die Wertschöpfungsstufen heraus, die am stärksten durch KI verändert und beeinflusst werden. Es können jedoch auch an anderen Punkten der Kette Wertschöpfungspotenziale identifiziert werden.

In Anbetracht der Nutzungsmöglichkeiten der GenAI könnte die Stufe der Inhalts- und Informationsbeschaffung nochmals in zwei Kettenglieder unterteilt werden. Beginnend mit der Beschaffung von Informationen und Ideenfindung, welche Prozesse der Ideenfindung, Konzeptentwicklung oder auch das Storyboarding beinhalten. Unterschiedliche Vorgehensweisen von den Recherche-Tätigkeiten im Journalismus (Abschnitt 3.1.1) über Sprachmodelle als kreativer Anstoß (Abschnitt 3.1.2) oder zur Überwindung von Schreibblockaden (Gilburt 2023, S. 27; Abschnitt 4.1.2) bis hin zu visuellen Gedankenstützen (Abschnitt 3.2.1) könnten hier mit eingeordnet werden. Modelle wie „Dramatron" (Mirowski et al. 2022), „HoLLMwood" (Chen et al. 2024) oder auch „ScriptViz" (Rao/Chou/Agrawala 2024) geben Impulse und automatisieren Vorproduktionsprozesse, können hierbei die Kreativität anregen und bringen erhebliche Kosten- und Zeitersparnisse mit sich.

Anschließend sollte der Punkt der Zuarbeit inkludiert werden. In vielen Bereichen schafft die Künstliche Intelligenz Teilstücke von Inhalten und unterstützt hierdurch Medienschaffende durch die Übernahme zeitaufwendiger und monotoner Produktionsprozesse. Dies zeigt sich besonders in der Animation (Abschnitt 3.2.2) in der Zuarbeit zum Charakterdesign (Hu 2024; Qui 2023), Bewegungsanimation (He/Lapham/Li 2024; Xian/Sahagun 2023) sowie in der Gestaltung von Hintergründen (Gao 2023). Die Übernahme standardisierter Aufgaben eröffnet Medienschaffende Zeit, sich auf kreativere Aufgaben konzentrieren zu können.

Unter die Produktion von Inhalten fallen die Produktion von Text-, Film- oder Werbebeiträge (Wirtz 2023, S. 86). Die Erstellung vollständiger KI-generierter Inhalte findet unter anderem Anwendung in der Texterstellung im Journalismus (Abschnitt 3.1.1), in der Animation und Videoerstellungsprozessen (Abschnitt 3.2.2), in der Produktion synthetischer Musik und Stimmen für Podcasts (Abschnitt 3.3) oder auch in der Erstellung von Moderatoren und Avatare (Abschnitt 3.4). Die Automatisierung standardisierter Formate kann Personal- und Produktionskosten senken und Vorgänge beschleunigen.

In das „Packaging der Produkte" zählen nach Wirtz (2023, S. 86) auch redaktionelle Bearbeitungen, wodurch man es im Sinne der KI als Postproduktion einordnen kann. An dieser Stelle der Wertschöpfungskette automatisiert die KI die Bearbeitung von Videos durch VFX und Deepfake De-Aging (Abschnitt 3.2.3) oder auch durch Sounddesign (Abschnitt 3.3.1) und KI-unterstützte Synchronisationsprozesse (Abschnitt 3.4). An dieser Stelle können sich Deepfakes als besonders innovativ erweisen sowie neue kreative Optionen mit geringen Einstiegshürden erzeugen und hierdurch die Effizienz von unter anderem Filmproduktionen steigern.

Willbold, Eisenbeis und Ciepluch (2023, S. 5–7) konnten auch an den Stellen der Distribution und der technischen Produktion Einfluss von Künstlicher Intelligenz feststellen. Barenkamp (2025, S. 205) empfiehlt Unternehmen die KI als „zentralen Bestandteil der Wertschöpfung" zu integrieren, anstelle diese nur als Prozessoptimierungs-Werkzeug zu sehen. Zusammenfassend lässt sich sagen, dass die Integration von Künstlicher Intelligenz und Deepfake-Technologien auf nahezu alle Stufen der medialen Wertschöpfungskette beeinflusst und Veränderungen in verschiedenen Produktionsprozessen hervorruft. Innovative Anwendungen können sich positiv auf Kosteneinsparungen und Produktionsbeschleunigung auswirken.

4.2.2 VRIO-Analyse

Die VRIO-Analyse basiert auf einer Arbeit aus dem Jahr 1991 von Barney und wird seitdem stetig weiterentwickelt. Hierbei untersucht das Modell die Ressourcen des Unternehmens um dessen Kernkompetenzen in vier Schritten zu ermitteln und hierdurch nachhaltige Wettbewerbsvorteile herauszuarbeiten (Schulz 2024). In diesem Fall wird das Modell genutzt, um generative KI und Deepfake-Technologien unternehmensübergreifend auf ihr Potenzial als nachhaltige Quelle strategischer Wettbewerbsvorteile zu überprüfen.

Das erste Merkmal ist der Mehrwert (V = Value) oder auch der Nutzen, den die Ressource erzeugt. Die Nutzung der Technologie kann zu einer Kostenreduktion führen, zum einen durch ein breites Angebot kostenloser bis kostengünstiger Systeme, zum anderen da sie Prozesse für Mitarbeitende beschleunigen kann und hierdurch Arbeitszeit einspart. An dieser Stelle entsteht ein wirtschaftlicher Mehrwert durch die Erledigung von mehr Arbeit in weniger Zeit.

Das zweite Merkmal bezieht sich auf die Seltenheit (R = Rarity) der Ressource. Da es sich bei der Künstlichen Intelligenz um ein nicht materielles Programm handelt, das nicht limitiert ist und es sich zudem bei vielen Modellen um Open Source-Programme handelt, auf die jeder zugreifen kann, kann die Technologie nicht als selten eingestuft werden. Nur der Zugriff zu hochwertigen und sehr neuen Programmen ist teilweise noch durch beispielsweise Premium Mitgliedschaften begrenzt (OpenAI 2025d). Aus diesem Grund entsteht im ersten Moment eine Wettbewerbsparität.

Betrachtet man jedoch das dritte Merkmal, die Nicht-Nachahmbarkeit (I = Inimitability), erschließen sich zwei Betrachtungsweisen. Während jeder auf öffentliche KI-Programme zugreifen kann, können nachhaltige Vorteile durch die Einführung von KI-Teams hervorgerufen werden. Darunterfallen, wie in Abschnitt 3.1.1 und 3.5.1 beschrieben, beispielsweise spezielle KI-Weiterbildungen für die Mitarbeiterinnen und Mitarbeiter sowie die Konzeption firmeninterner KI-Modelle wie unter anderem von großen Nachrichtenagenturen wie der BBC oder Bloombergs. Zudem sollten Unternehmen dem Rat von Miranda Marcus (2023, 8:09; Abschnitt 3.1.1) folgen und anstatt Herstellungsprozesse nur abzuändern, die Innovativität der Technologie austesten, um damit gänzlich neue Produkte zu kreieren. Auf diesem Weg können Wettbewerbsvorteile erzeugt werden.

Das letzte Merkmal der Integration (O = Organization) oder Umsetzungskompetenz überschneidet sich mit der Prämisse des vorangegangenen Merkmals. Unternehmen, welche sich mit der Technologie auseinandersetzen, die Innovation zulassen und mit dieser wachsen, haben Vorteile bei der Integration ins Unternehmen. Hierdurch können temporär Wettbewerbsvorteile generiert werden, die bei strategischer Vorgehensweise und einer Mitentwicklung mit der Technologie auch durchaus Potenzial haben, längerfristig aufrecht erhalten bleiben zu können.

4.2.3 PESTEL-Analyse

Die PESTEL-Analyse dient der strategischen Untersuchung makroökonomischer Faktoren, die das Geschäftsumfeld von Unternehmen direkt und indirekt beeinflussen können. Die Komponenten des Rahmens eignen sich jedoch auch zur Identifikation und Analyse externer Einflussfaktoren auf die sich wandelnde Medienbranche, um deren Potenziale und Risiken, aber auch relevanten Entwicklungen darzustellen, welche durch den prägenden Einsatz generativer KI und Deepfakes ausgelöst wurden (Bundesverwaltungsamt 2023; WCG 2023).

Die politischen Einflussfaktoren (P) führen die Untersuchung hierbei an. Die Einführung der KI-VO (2024, Abschnitt 2.3.1) im deutschen Rechtsraum demonstriert die politische Auseinandersetzung mit der Technologie. Der Ansatz der Risiko-Klassifizierung beschreibt, durch die Einführung von Verboten und strenge Überwachung, aber auch Transparenz- und Kennzeichnungspflichten, einen ausgeglichenen Ansatz, um Menschen zu schützen, aber trotzdem Spielraum für Innovation zuzulassen. Zudem arbeitet die Bundesregierung seit 2018 an einer KI-Strategie, um „Deutschland in Erforschung, Entwicklung und Anwendung von KI im internationalen Wettbewerb zu stärken", setzt hierbei auch auf Förderungen von KI-Initiativen in Unternehmen und eine nachhaltige Integrierung in die Wirtschaft und Wertschöpfung (BMBF 2024). Die Regulierungen schaffen einen Handlungsraum für Medienunternehmen und unterstützen somit einen verantwortungsvollen und ethischen Rahmen im Umgang mit der Technologie.

Ökonomische Faktoren (E = Economic) zeigen sich unter anderem durch die Disruption traditioneller Geschäfts- und Medienmodelle (Abschnitt 3.5.1). Während Automatisierungsprozesse Produktionen beschleunigen und Kosten senken, entstehen auch Existenzängste von Arbeitnehmenden durch Lohnkürzungen oder Kündigungen. Auf der anderen Seite ändern sich auch etablierte Arbeitsmodelle, wodurch wiederum neue Jobs kreiert werden müssen (Abschnitt 3.5.1). Die ökonomische Veränderung ist ein Kreislauf mit Chancen und Risiken, dem sich sowohl Unternehmen als auch Arbeitsnehmer strategisch annähern müssen, um mithalten zu können.

Die sozio-kulturellen Einflussfaktoren beziehen sich auf die strukturellen Aspekte der Gesellschaft. Hier ist zum einen die Wahrnehmung und Akzeptanz der Gesellschaft und zum anderen auch der Umgang mit der Technologie entscheidend. Abschnitt 4.1.3 zeigt sowohl einen Wandel in das mediale Vertrauen als auch die Mediennutzung, wobei die KI nicht der einzige Einflussfaktor ist, jedoch zunehmend dazu beiträgt. Um Ängste vor Täuschung und Identitätsmissbrauch nicht die Oberhand in der gesellschaftlichen Wahrnehmung zu überlassen, sollten Unternehmen auf einen transparenten Umgang der Nutzung achten und Initiativen zur Aufklärung fördern, um die Akzeptanz von GenAI und Deepfakes in den Medien zu unterstützen (Debroy/Hemmige 2024, S. 243).

Die schnelle Entwicklung der KI und deren in Kapitel drei dargestellten Innovationspotenziale demonstrieren die technologischen Einflussfaktoren (T). Fortschritte etablierter Systeme und Entwicklungen neuer Systeme im Text-, Bild-, Video- und Audiobereich sind nicht zu übersehen und integrieren sich stetig in die Medienproduktion und die Inhaltserstellung. Während GenAI und Deepfakes an sich die innovative Technologie darstellen, entsteht die Aufgabe für die Unternehmen darin, durch Verbesserungen der technologischen Infrastruktur und kontinuierliche Schulungen der Mitarbeitenden, sich mit dem Fortschritt mitzuentwickeln.

Die Weiterentwicklung der technologischen Infrastruktur wirkt sich zunehmend auf den Energieverbrauch und damit auf die ökologischen Einflussfaktoren (E = Ecological) aus. Sowohl das Training als auch die Nutzung großer und komplexer Systeme verbrauchen enorm viel Energie. Die Generierung eines Bildes ist im Hinblick auf den Energieverbrauch vergleichbar mit dem einmaligen Ladevorgangs eines Handys (Klima Campus 2025). Während einige KI-Unternehmen in den U.S.A. Atomkraft diskutieren, um ihre Systeme ausreichend zu versorgen, wurde in China ein System vom Unternehmen DeepSeek entwickelt, welches bis zu 70 Prozent weniger Strom verbrauchen soll (Wille 2025). Ein bewusster und nachhaltiger Umgang mit KI könnte sich auch für Medienunternehmen als Wettbewerbsvorteil in Form eines positiven Markenimages ergeben.

Die rechtlichen Einflussfaktoren (L = Legal) schließen die Analyse ab. Neben der bereits erwähnten KI-VO in den politischen Faktoren und den eingeführten Richtlinien, spielen auch Urheber-, Persönlichkeits- und Datenschutzrechte (Abschnitt 2.3.2) eine wichtige Rolle für die rechtlichen Faktoren. Während auch hier im Zusammenhang mit der KI-VO (2024) erste Vorgaben zum Umgang mit urheberrechtlichen Trainingsdaten und dem Umgang mit Deepfakes vor dem Hintergrund der unterschiedlichen Persönlichkeitsrechte müssen die Unternehmen hier eigenständig Strategien entwickeln, um einen rechtlich sicheren Umgang zu gewährleisten. Die Unternehmen sollten hierbei immer auf dem neuesten Stand sein, transparent im Umgang mit KI agieren und allen Kennzeichnungspflichten nachkommen, um rechtlich abgesichert zu sein.

4.3 Strategien zur nachhaltigen Integration generativer Künstlicher Intelligenz und Deepfakes in der Medienbranche

Vor dem Hintergrund der in Kapitel drei dargestellten innovativen Transformation der Erstellungsprozesse medialer Inhalte durch generative Künstliche Intelligenz und Deepfakes sowie der in Kapitel vier analysierten ethischen und wirtschaftlichen Limitationen lassen sich gezielt Strategien ableiten, Medienunternehmen eine nachhaltige und erfolgreiche Integration der Technologien zu ermöglichen. Als strukturelle Leitlinie dienen hierbei die Change- und Transformationsstrategien für die Medienbranche, insbesondere das Framework der Kommunikationsstruktur im Change-Management-Prozess nach Breyer-Mayländer (2022, S. 8–10) und Horneber und Horneber als Orientierung (2022, S. 166–170).

Die erste und wichtigste Grundlage, um neue Technologien erfolgreich im Unternehmen zu implementieren ist die Offenheit und Bereitschaft für kommende Veränderungen. Horneber und Horneber (2022, S. 167) benennen ihren ersten Schritt im Change-Management-Prozess das Erzeugen eines „Gefühls der Dringlichkeit, um hierdurch eine generelle Kooperationsbereitschaft [aller] Organisationsmitglieder" zu etablieren. Neben dem Vertrauen von Konsumentinnen und Konsumenten, zählt primär die Akzeptanz der Mitarbeitenden um eine gute Basis zu schaffen. Kommende Veränderungen sollten offen mit allen Mitarbeiterinnen und Mitarbeitern besprochen und Ziele sowie Zukunftsbilder festgelegt werden. Barenkamp (2025, S. 206) spricht davon, die „KI-Skepsis zu überwinden" und „Akzeptanz zu fördern". Hier könnten Aufklärungsmaßnahmen über mögliche Einbringung der Technologie helfen, erste Unsicherheiten und Ängste vor beispielsweise Arbeitsplatzverlusten (Halperin/Rosner 2025, S. 19) zu mindern und Lust auf neue innovative Arbeitsweisen zu schaffen.

Nach den ersten Annäherungen sollte eine „KI-Führungskoalition" aufgebaut werden, ein Team von KI-Spezialistinnen und -Spezialisten, das „durchsetzungsfähig" die Richtung der Transformation vorgibt (Horneber/Horneber 2022, S. 167). Nachrichtenunternehmen wie die BBC, Bloombergs oder auch die New York Times gehen hier mit gutem Beispiel voran (Abschnitt 3.5.1). Das KI-Team hat die Aufgabe die, Technologie an unterschiedlichen Punkten im Unternehmen zu etablieren und immer über den neuesten Stand der Technik und Richtlinien Bescheid zu wissen. In den Aufgabenbereich könnten die Gestaltung von Schulungen für Mitarbeitenden fallen, um deren Kompetenzen zu stärken, aber auch die Einhaltung und Beobachtung von Richtlinien und Regelungen, wie die Transparenzpflicht (Abschnitt 2.3.1; KI-VO 2024, Art. 50, Abs. 4). Vergleichbar empfiehlt auch Barenkamp (2025, S. 206) die „Investitionen in KI-Kompetenzen", digitale Bildung und Fachkräfteentwicklung.

Die „Vision des Wandels" sollte unter den Mitarbeitenden „wirkungsvoll kommuniziert" werden (Horneber/Horneber 2022, S. 167). Die Künstliche Intelligenz muss niemanden ersetzen, kann jedoch durch kooperative Mensch-Maschine-Applikationen Arbeiten unterstützen und beschleunigen und auf diese Weise Geld und Arbeitszeit sparen (Abschnitt 3.2.1; 3.2.2). Zudem sollten Mitarbeitende ermutigt werden, die Innovativität der Technologie zu nutzen, um neue Wege der Inhaltserstellung zu erforschen oder gänzlich neue Inhalte zu erzeugen (Miranda Marcus 2023, 8:09; Abschnitt 3.1.1) und hierdurch Wettbewerbsvorteile und neue Umsatzquellen für das Unternehmen zu identifizieren (Abschnitt 4.1.2).

Mit Veränderung entstehen auch immer neue Hindernisse, die aus dem Weg geräumt werden müssen (Horneber/Horneber 2022, S. 167). Neue Erstellungs- und Automatisierungsprozesse werden Veränderungen in der Qualität mit sich bringen (Abschnitt 3.5.2). Um die Qualität der veröffentlichten Medien zu gewährleisten, sollten maschinell erstellte Inhalte durch eine menschliche Qualitätskontrolle überprüft werden. Dies könnte ein weiterer Aufgabenbereich für das KI-Team, oder auch eine ganz neuer Anstellungsbereich sein, je nach Größe des Unternehmens und Ausmaß an Content. Eine solche Qualitätssicherung schützt Konsumentinnen und Konsumenten vor Halluzinationen oder anderen Manipulationen und sorgt für eine Stärkung in das Vertrauen gegenüber dem Unternehmen (Abschnitt 4.1.3).

Zudem muss auch die technologische Hardware und Infrastruktur auf den neuesten Stand gehalten werden, um die KI im vollen Umfang nutzen zu können (Abschnitt 4.2.3). Auch die Einführung eigener interner generativer KI-Systeme kann sich für große Unternehmen als Wettbewerbsvorteil eignen. Darauf aufbauend empfiehlt Barenkamp (2025, S. 207) „die Entwicklung einer robusten Datenstrategie" und geht damit auf die Relevanz der Nutzung hochqualitativer Datenquellen ein, um die Qualität der daraus resultierenden Inhalte zu gewährleisten.

Ein letzter wichtiger Aspekt ist die Kommunikation gegenüber den Konsumentinnen und Konsumenten. Auch diesen sollte die Verwendung Künstlicher Intelligenz, insbesondere Deepfakes, offengelegt werden. Zudem können auch offen zugängliche Informationen über verwendete Technologien und wie diese die Inhaltserstellung im Unternehmen bereichern, den Kundinnen und Kunden einen verantwortungsvollen Umgang mit der Technologie vermitteln. Horneber und Horneber (2022, S. 167) schließen ihr Framework mit der „Verankerung der Veränderung in die Unternehmenskultur" ab. Durch eine strategische und zielführende Integration kann die neue Technologie nachhaltig in die Unternehmensprozesse etabliert werden.

5 Fazit und Ausblick

5.1 Zusammenfassung und Diskussion

Ziel der vorliegenden Arbeit war es, vor dem Hintergrund der zukünftigen Content-Erstellungsprozesse in der Medienbranche die Innovationspotenziale generativer Künstlicher Intelligenz und Deepfake-Technologien herauszuarbeiten. Darauf aufbauend wurden zentrale ethische, technologische und gesellschaftliche Herausforderungen analysiert sowie mithilfe betriebswirtschaftlicher Analyseinstrumente Strategien für eine nachhaltige und verantwortungsvolle Nutzung der Technologien entwickelt.

Kapitel drei verdeutlicht die gegenwärtige, durch generative Künstliche Intelligenz getriebene, Transformation der Content-Erstellungsprozesse sowie die zunehmende Integration der Technologie in zentrale Produktionsbereiche der Medienbranche. Von automatisierter Textgenerierung und kreativer Ideenfindung, über narrative Bildgenerierung, effektvolles Videodesign und melodische Klänge bis hin zum vollständig vertonten Animationsfilm, greift die KI an verschiedenen Stellen der Produktion ein. Insbesondere Deepfake-Technologien sind mittlerweile in der Lage, synthetische Menschen und Stimmen wirklichkeitsgetreu zu erzeugen sowie einzelne Aspekte zu verändern. Hierdurch erweitern die Technologien das Spektrum möglicher Anwendungsfelder um ein Vielfaches und erzeugen zudem vollständig neue Inhalte.

Während sich die Anwendungen der Technologien grundsätzlich nach den jeweiligen Inhaltstypen (Text, Bild, Video, Audio) differenzieren lassen, verschwimmen die Grenzen traditioneller Produktionsprozesse fortwährend. Obwohl audiovisuelle Formate kein gänzlich neues Phänomen darstellen, bewähren sie

N. A. Brecht, *Deepfakes und generative Künstliche Intelligenz in der Medienbranche*, BestMasters, https://doi.org/10.1007/978-3-658-50525-7_5

sich trotzdem als gutes Beispiel sich überschneidendender Vorgänge. Die Verschmelzung visueller und akustischer Aspekte im Lip Syncing, durch beispielsweise das Vubbing (Flawless AI 2025; Gray 2025), ist ein gutes Beispiel, wie ursprüngliche Synchronisation durch die innovative Technologie weitergedacht und ein neues Erlebnis für Konsumentinnen und Konsumenten erzeugt werden kann. Multimodale Systeme hingegen greifen während des Promptings auf die Kombination mehrerer Eingabemethoden zurück und gewähren dem Anwendenden somit mehr kreativen Spielraum in der Verwendung der Systeme. Auf diese Weise kann durch die Kombination von beispielsweise Text-, Ton- und Bild-Datenquellen ein vollständig neues Produkt entstehen (u. a. Zhang et al. 2024, S. 2).

Häufig herrscht eine sehr vereinfachte und nicht differenzierende Sichtweise der Gesellschaft auf die Eindringung der KI-Technologie in den Medien- und Unterhaltungssektor vor, in der traditionelle Prozesse stumpf durch die Technologie ausgetauscht werden. Die Analyse zeigt jedoch, dass es sich bei der Integration generativer KI nicht nur um eine lineare Ersetzung bestehender Vorgänge handelt. Die Innovativität der Technologie liegt zum einen in ihrer Fähigkeit, Prozesse zu verändern und zum anderen ganz neue Prozesse entstehen zu lassen. Kapitel drei zeigt die Entstehung hybrider Arbeitsabläufe, in denen Mensch und Maschine co-kreativ zusammenwirken. Neben der Automatisierung einfacher Aufgaben, treten zunehmend KI-Systeme auf, die kreative Impulse liefern, Zwischenprodukte visualisieren oder komplexe Produktionsschritte vorbereiten und den Nutzenden hierdurch unterstützen, ohne ihm die Arbeit vollständig abzunehmen.

Zudem gibt der Aufbau des dritten Kapitels einen Einblick über den Entwicklungsstand und der damit einhergehenden tatsächlichen Etablierung der Systeme in die Inhaltserstellung des Mediensektors. Während die Sprachsysteme schon seit Jahren beispielsweise im Journalismus Anwendung finden und sogar von den Unternehmen weiterentwickelt oder speziell an die eigenen Bedürfnisse angepasst werden, werden im Bereich der visuellen Inhalte, insbesondere der Videoproduktion, derzeit viele Systeme getestet und entwickelt, um sich den speziellen Anforderungen der kreativen Arbeit anzupassen und diese sogar zu fördern.

Trotz der erheblichen Fortschritte der letzten Jahre ist ein Ende der Entwicklung und der damit einhergehenden Transformation der Medienbranche sowie ihrer traditionellen Modelle nicht abzusehen. Hierdurch befinden sich insbesondere die qualitativen und kreativen Eigenschaften der KI in einem Zwiespalt der gesellschaftlichen Bewertung. Während auf der einen Seite hochqualitative und kreative Ergebnisse gefordert werden, um die Inhalte unter anderem kommerziell verwenden zu können und die Technologie diesen Anforderungen auch immer mehr nachkommt, bereitet auf der anderen Seite genau diese hohe Qualität und maschinell-kreative Eigenschaften KI-generierter Inhalte vielen Menschen Angst.

Auch diese gesellschaftlichen Ängste und Befürchtungen dehnen sich über verschiedene Aspekte der voranschreitenden Veränderungen aus. Befürchten viele Kreativschaffende strukturelle Veränderungen, Lohneinbußen oder auch den Verlust der Arbeit, wissen Konsumentinnen und Konsumenten nicht mehr, welchen Inhalten zu trauen ist. Hierdurch entsteht zum einen ein Vertrauensverlust in die Technologie sowie in die Medienunternehmen, die diese zur Inhaltserstellung nutzen. Zum anderen verschlechtert sich die Basis, eine positive Akzeptanz gegenüber der Technologie zu entwickeln. Um diesem vorzubeugen und die Mensch-Maschine-Beziehung zu verbessern, sollte eine stärkere Auseinandersetzung mit generativer Künstlicher Intelligenz und Deepfake-Technologien gefördert werden. Ein tiefgründiges Wissen und Verständnis über die technischen Hintergründe und Vorgänge haben sowohl nachweislich Einfluss auf die Erkennung KI-generierter Inhalte, was wiederum die Angst vor Täuschung mindern kann, als auch positiven Einfluss auf das Verständnis der Nutzungsmöglichkeiten, was den Willen interaktiver Zusammenarbeit mit der KI vorantreiben kann.

Dies sind auch die wichtigsten Grundlagen für Medienunternehmen, um eine erfolgreiche und nachhaltige Integration der Technologie zu gewährleisten. Wertschöpfung und Wettbewerbsvorteile können nur mithilfe von Künstlicher Intelligenz erreicht werden, wenn diese durch eine strategische, offene und gewollte Einbindung in die Unternehmensstrukturen etabliert wird. Eine klare und transparente Kommunikation muss, insbesondere in Medienunternehmen, in denen die erstellten Inhalte den Schnittpunkt zwischen Organisation und Gesellschaft darstellen, sowohl gegenüber Mitarbeitern und Mitarbeiterinnen als auch Konsumentinnen und Konsumenten stattfinden. Mithilfe der betriebswirtschaftlichen Analyse dieser Arbeit konnte dargestellt werden, dass insbesondere Unternehmen des Mediensektors GenAI und Deepfakes strategisch in ihre Wertschöpfungsprozesse integrieren, damit technologische Potenziale effizient umgesetzt, Kosten gesenkt und schlussendlich Wettbewerbsvorteile erzielt werden können. Neben einer unternehmensübergreifenden Entschlossenheit und Bereitschaft für den Wandel, müssen jedoch Voraussetzungen wie eine klare Vision des Ziels und eine strategische organisationale und infrastrukturelle Entwicklung des Unternehmens mit der Technologie erfüllt sein, um Erfolge nachhaltig zu etablieren.

Zusammenfassend lässt sich sagen, dass neben dem offensichtlichen Innovationspotenzial der Technologie und ihrer fortschrittlichen Anwendungen, die Innovation sich hauptsächlich darin zeigt, wie die KI Prozesse verbessert, ohne den Menschen als kreativ treibende Kraft zu verdrängen und Medienschaffende darin unterstützen kann, neue Wege der Inhaltserstellung einzugehen. Hierbei besteht eine der größten Herausforderungen darin, die Gesellschaft, Mitarbeiterinnen und Mitarbeiter sowie Konsumentinnen und Konsumenten dieses tatsächliche Potential erkennen zu lassen und deren Akzeptanz voranzutreiben. Nur dadurch kann die Technologie ihr tatsächliches Potenzial entfalten, da sowohl der Mensch als auch die Unternehmen aktiv mit den Systemen arbeiten und diese verstehen müssen, um sich mit der Technologie weiterzuentwickeln und hierdurch lernen, neue und innovative Inhalte zu erstellen. Auf diese Weise kann die Innovation mit ihren Potenzialen in allen Bereichen der Wertschöpfung vollständig ausgenutzt werden.

5.2 Ausblick und zukünftige Entwicklungen

Die vorliegende Arbeit hat gezeigt, wie generative Künstliche Intelligenz und Deepfakes die aktuellen Content-Erstellungsprozesse der Medienbranche bereits wesentlich beeinflussen und weitere tiefgreifende Veränderungen entlang der gesamten medialen Wertschöpfungskette zu erwarten sind. Zudem wurde deutlich, dass mit jedem innovativen und kreativen Entwicklungsschritt des Technologiepotenzials neue ethische, gesellschaftliche und rechtliche Hürden entstehen, die es kontinuierlich zu überwinden gilt.

Angesichts der rasanten Entwicklung der Technologie und deren fortwährender Etablierung in den Medien, ist mit einer stetigen Zunahme der Qualität sowie der Zugänglichkeit qualitativ-hochwertiger und leistungsstarker KI-Architekturen zu rechnen. Während dies positive Auswirkungen auf mediale Produktionsprozesse haben kann, verwischen jedoch auch die Grenzen von Synthetik und Realität zunehmend im Arbeitsalltag vieler Medienschaffenden, da die generierten Inhalte kaum noch von menschengeschaffenen zu unterscheiden sind.

Insbesondere der aktuelle Stand der Deepfake-Technologie birgt durch ihre präzise Leistung in der Erstellung realistisch wirkender Darstellungen von Menschen enormes Potenzial, stellt jedoch auch vor dem Hintergrund der KI den größten Angstfaktor innerhalb der Gesellschaft dar. Es konnte allerdings aufgezeigt werden, dass die Technologie ein breites Spektrum an Einsatzmöglichkeiten bietet, welche innovativ in der Film- und Fernsehbranche eingesetzt werden können, ohne zwangsläufig eine negativbehaftete oder unwillentliche Fälschung oder Täuschung darzustellen. Das Innovationspotenzial sollte daher gezielt und mit positiver Absicht weiterverfolgt werden.

Medienunternehmen müssen auf kontinuierliche Veränderungen vorbereitet sein, um sowohl technologisch als auch strategisch und organisatorisch mit der Welle der Transformation mithalten und innovative Prozesse erfolgsorientiert einsetzen zu können. Insbesondere Arbeitgeberinnen und Arbeitgeber sowie Führungskräfte, müssen in Bezug auf Vertrauen, Transparenz und ethische Verantwortung klare Richtlinien und strategische Prozesse etablieren, um die Balance zwischen Effizienz, kreativer Innovation und gesellschaftlicher Verantwortung gewährleisten zu können. Hierzu muss sowohl in den Menschen in Form von Weiterbildungen, als auch in die technologische Infrastruktur investiert werden.

Dies spiegelt sich zudem in der Etablierung der KI in die Gesellschaft und damit in der Akzeptanz von Konsumentinnen und Konsumenten wider, wodurch auch hier Aufklärungsinitiativen sowie eine transparente Kommunikation verfolgt werden müssen. Medienproduzentinnen und -produzenten müssen Verantwortung gegenüber ihren Rezipientinnen und Rezipienten übernehmen und das Gefühl sicherer Medien vermitteln sowie für nachhaltiges Vertrauen sorgen. Die Medienunternehmen selbst können durch informative und unterhaltsame Inhalte die Aufklärung kreativ in die eigene Erstellung und Distribution einbinden. Dies würde Offenheit und Transparenz im Umgang mit der Technologie kommunizieren. Zudem müssen auch weitere Strategien wie digitale Wasserzeichen oder Kontrollmechanismen in die Inhalte implementiert werden, um diese als (nicht) KI-generiert zu kennzeichnen.

Zudem muss immer bedacht werden, dass es sich bei der Technologie nicht um den Ersatz des Menschen halten soll. So fortschrittlich die Anwendungen mittlerweile erscheinen mögen, sind Fehler nicht auszuschließen. Nur die menschliche Kontrolle gewährleistet Qualität und Sicherheit, unabhängig davon, um welchen Inhalt es sich handelt oder für was dieser gedacht ist. Hochaktuelle Meldungen über das neueste ChatGPT-Modell berichten von dessen Rücknahme durch den Hersteller. OpenAI wollte den Chatbot höflicher gestalten, daraus ergab sich jedoch eine zu unterwürfige Version, welche mehr Lob an die formulierte Prompt Frage verschwendete, als diese korrekt zu beantworten (Fuhrmann 2025). Dies zeigt ergänzend zu den Ergebnissen der vorliegenden Arbeit, dass die Maschine noch immer Grenzen hat und ein vom Menschen abhängiges Werkzeug bleibt, welches durch menschliches Urteilsvermögen und ethisch fundierte Entscheidungen ergänzt werden muss.

Zukünftige Forschung sollte sich daher verstärkt auf co-kreative Mensch-Maschine-Beziehungen fokussieren. Hybride Systeme, die die menschliche Kreativität unterstützen, fördern und interaktiv in die Gestaltungsprozesse einbinden, könnten neben der Integration in etablierte Geschäftsmodelle auch die gesellschaftliche Akzeptanz positiv beeinflussen. Die Zusammenarbeit des Menschen mit der Maschine demonstriert die innovative Kapazität der Technologie, ohne hierbei den Menschen zu verdrängen.

Insgesamt zeigt sich, dass das innovative Potenzial und die Möglichkeiten generativer Künstlicher Intelligenz und Deepfake-Technologien nicht die alleinigen Triebkräfte zukünftiger Content-Erstellungsprozesse sein werden. Jedoch werden sie einen substanziellen Teil dazu beitragen, der aber durch menschliches Beisein kontrolliert sein wird und auf diese Weise einen transparenten und verantwortungsvollen Umgang gewährleistet.

Literaturverzeichnis

Adobe (o. D.): Tweening: Ursprünge und Anwendung in der modernen Animation. https://www.adobe.com/de/creativecloud/animation/discover/tweening.html (Zugriff: 03.04.2025)

Aissani, R.; Abdallah, R.A.; Taha, S.; Al Adwan, M.N. (2023): Artificial Intelligence Tools in Media and Journalism: Roles and Concerns. In: 2023 International Conference on Multimedia Computing, Networking and Applications, Valencia, 19.bis 22. August 2023, S. 19–26.

Alanzai, S.; Asif, S. (2024): Exploring deepfake technology: creation, consequences and countermeasures. In: Human Intelligent Systems Integration 6, 2024, S. 49–60.

Aleesawi, N.A.K.; Alzubi, S.F. (2024): The Implications of Artificial Intelligence (AI) on the Quality of Media Content. In: Studies in Media and Communication 12, 2024, 4, S. 41–51.

Aloud (2025): Dein Video in … synchronisiert. https://aloud.area120.google.com/ (Zugriff: 07.04.2025)

Amazon (2025): Prime Video begins an AI dubbing pilot program on licensed movies and series. https://www.aboutamazon.com/news/entertainment/prime-video-ai-dubbing-english-spanish (Zugriff: 07.04.2025)

Antony, V.; Huang, C. (2024): ID.8: Co-Creating Visual Stories with Generative AI. In: ACM Transactions on Interactive Intelligent Systems 14, 2024, 3 S. 1–29.

Apablaza-Campos, A.; Tinjacá, J.A.W.; Salaverría, R. (2024): Generative Artificial Intelligence for Journalistic Content in Ibero-America: Perceptions, Challenges and Regional Projections. In: BiD 52, 2024, S. 1–18.

Appinio (2024): KI in der Werbung: 81 % der Deutschen fordern klare Kennzeichnung. https://www.appinio.com/de/pressemitteilungen/ki-werbung (Zugriff: 28.03.2025)

Ars Technica (2016): Video: Sunspring – A Sci-Fi Short Film Starring Thomas Middleditch. https://www.youtube.com/watch?v=LY7x2Ihqjmc (Zugriff: 18.03.2025)

Artioli, E.; Lorenzi, D.; Tashtarian, F.; Timmerer, C. (2025): Generative AI for Realistic Voice Dubbing Across Languages. In: ACM MHV2025, Proceedings of the 4th Mile-High Video Conference, Denver, U.S.A., 18. bis 20. Februar, S. 75–76.

Arweck, J. (2023): Künstliche Intelligenz in der PR. In Lucas, C. & Schuster, G. (Hrsg.): Innovatives und digitales Marketing in der Praxis. Springer, Wiesbaden. S. 447–456.

N. A. Brecht, *Deepfakes und generative Künstliche Intelligenz in der Medienbranche*, BestMasters, https://doi.org/10.1007/978-3-658-50525-7

Asher-Shapiro, A. (2024): Hollywood animation, VFX unions fight AI job cut threat. https://www.context.news/ai/hollywood-animation-vfx-unions-fight-ai-job-cut-threat (Zugriff: 13.05.2025)

Ashry, T. (2024): Zurück in die Zukunft: Die Geschichte von Generativer KI (Episode 2). https://www.statworx.com/content-hub/blog/zurueck-in-die-zukunft-die-geschichte-von-generativer-ki-episode-2/ (Zugriff: 20.02.2025)

Ashwini, A.; Jency Rubia, J.; Sehina, H.; Sundaravadivazhagan, B. (2024): Unveiling the Power of Generative AI: A Journey into Large Language Models. In: Balasubramaniam, S.; Kadry, S.; Prasanth, A.; Dhanaraj, R.K. (Hrsg.): Generative AI and LLMs – Natural Language Processing and Generative Adversial Networks. Degruyter, Berlin/Boston.

Aurand, J.; Oritz, R.; Nauer, S.; Azevedo, V.C. (2022): Efficient Neural Style Transfer for Volumetric Simulations. In: ACM Transactions on Graphics Search within TOG 41, 2022, 6, S. 1–10.

Barari, S.; Lucas, C.; Munger, K. (2025): Political Deepfakes Are as Credible as Other Fake Media and (Sometimes) Real Media. In: The Journal of Politics 87, 2025, 2, S. 1–17.

Barenkamp, M. (2025): Wertschöpfung durch KI – Chancen für Unternehmen und Gesellschaft. Springer, Weisbaden.

Barney, J. (1991): Firm Resources and Sustained Competitive Advantage. In: Journal of Management 17, 1991, 1, S. 99–120.

Barrington, S.; Cooper, E.; Farid, H. (2025): People are poorly equipped to detect AI-powered voice clones. In: Scientific Report 15, 2025, 11004, S. 1–9.

BBC News Labs (2022): Tell Me More – Contextualising complex news by generating semi-automated explanations. https://www.bbc.co.uk/rdnewslabs/projects/tell-me-more (Zugriff: 15.03.2025)

Becker, N.; Louie, R.; Thickstun, J.; Liang, P. (2024): Designing Live Human-AI Collaboration for Musical Improvisation. In: CHI Workshop on Generative AI and HCI (GenAICHI), Yokohama, Japan, 27. April 2025, S. 1–5.

Bender, S. (2023): Coexistence and creativity: screen media education in the age of artificial intelligence content generators. In: Media Practice and Education 24, 2023, 4, S. 351–366.

Bender, S. (2024): Generative-AI, the media industries, and the disappearance of human creative labour. In: Media Practice and Education, 2024, S. 1–18.

Bergmann, D.; Stryker, C. (2023): Was ist ein Autoencoder? https://www.ibm.com/de-de/think/topics/autoencoder (Zugriff: 21.02.2025)

Bloomberg (2023): Introducing BloombergGPT, Bloomberg's 50-billion parameter large language model, purpose-built from scratch for finance. https://www.bloomberg.com/company/press/bloomberggpt-50-billion-parameter-llm-tuned-finance/ (Zugriff: 15.03.2025)

BMBF (2024): Zukunftstechnologie Künstliche Intelligenz. https://www.bmbf.de/DE/Forschung/Zukunftstechnologien/KuenstlicheIntelligenz/kuenstlicheintelligenz_node.html (Zugriff: 19.04.2025)

Bock, M. (2025): Im Zeitalter der KI: Zwischen Halbwissen und (un)berechtigten Ängsten. Springer, Wiesbaden.

Bohacek, M.; Farid, H. (2023): The making of an AI news anchor—and its implications. In: PNAS 121, 2024, 1, S. 1–3.

Bregler, C.; Covell, M.; Slaney, M. (1997): Video Rewrite: driving visual speech with audio. In: Owen, G.S., Whitted, T. & Mones-Hattal, B. (Hrsg.): SIGGRAPH97: The 24th International Conference on Computer Graphics and Interactive Techniques, New York, 3. August 1997, S. 353–360.

Breyer-Mayländer, T. (2022): Transformationsstrategien in der Medienbranche. In: Breyer-Mayländer, T; Horneber, C. (Hrsg.): Change-Strategien für die Medienbranche, Springer, Wiesbaden, S. 3–32.

Brien, J. (2024): NotebookLM: Googles KI-Notizbuch-Tool erstellt jetzt Podcasts für dich. https://t3n.de/news/notebooklm-ki-notizbuch-tool-podcasts-1645845/ (Zugriff: 07.04.2025)

Bryan, J. (2025): ChatGPT-4.5 angekündigt: Natürliches KI-Modell zu Monster-Preis. https://www.nextpit.de/openai-gpt-4-5-vorstellung-funktionen?utm_source=chatgpt.com (Zugriff: 06.03.2025)

Büchel, J.; Engler, J. (2024): Generative KI in Deutschland: Künstliche Intelligenz in Gesellschaft und Unternehmen. In: Report, No. 23/2024, Institut der deutschen Wirtschaft (IW), Köln, S. 1–18.

Bundesgerichtshof (1999): I ZR 49/97. https://lexetius.com/1999,496 (Zugriff: 30.03.2025)

Bundesgerichtshof (2022): I ZR 2/21. https://www.rechtsprechung-im-internet.de/jportal/portal/t/19ke/page/bsjrsprod.psml?pid=Dokumentanzeige&showdoccase=1&js_peid=Trefferliste&documentnumber=1&numberofresults=10908&fromdoctodoc=yes&doc.id=jb-KORE300872022&doc.part=L&doc.price=0.0&doc.hl=1#focuspoint (Zugriff: 30.03.2025)

Bundesministerium der Justiz (o. D.): Gesetz betreffend das Urheberrecht an Werken der bildenden Künste und der Photographie. https://www.gesetze-im-internet.de/kunsturhg/BJNR000070907.html (Zugriff: 30.03.2025)

Bundesministerium der Justiz (o. D.): Gesetz über Urheberrecht und verwandte Schutzrechte. https://www.gesetze-im-internet.de/urhg/ (Zugriff: 30.03.2025)

Bundesministerium der Justiz (2024): Künstliche Intelligenz und Urheberrecht – Fragen und Antworten. https://www.bmj.de/SharedDocs/Downloads/DE/Themen/Nav_Themen/240305_FAQ_KI_Urheberrecht.html (Zugriff: 30.03.2025)

Bundesregierung (2024): AI Act verabschiedet – Einheitliche Regeln für Künstliche Intelligenz in der EU. https://www.bundesregierung.de/breg-de/aktuelles/ai-act-2285944 (Zugriff: 28.03.2025)

Bundesverfassungsgericht (1983): 1 BvR 209/83. https://www.bundesverfassungsgericht.de/SharedDocs/Entscheidungen/DE/1983/12/rs19831215_1bvr020983.html (Zugriff: 30.03.2025)

Bundesverwaltungsamt (2023): PESTEL-Methode. https://www.orghandbuch.de/Webs/OHB/DE/OrganisationshandbuchNEU/4_MethodenUndTechniken/Methoden_A_bis_Z/PESTEL_Methode/PESTEL_Methode_node.html (Zugriff: 19.04.2025)

Buxmann, P.; Schmidt, H. (2021): Künstliche Intelligenz – Mit Algorithmen zum wirtschaftlichen Erfolg. Springer, Berlin.

BuzzFeedVideo (2018): You Won't Believe What Obama Says In This Video!. https://www.youtube.com/watch?v=cQ54GDm1eL0 (Zugriff: 27.02.2025)

Byun, D.; Lee, S.; Hwang, J.; Lee, S. (2024): Midi-voice: Expressive Zeroshot singing voice synthesis via Mididriven priors. In: ICASSP 2024 IEEE International Conference on Acoustics, Speech and Signal Processing, Seoul, 14. bis 19. April 2024, S. 12622–12626.

Caschy (2025): Google DeepMind stellt vor: Gemini 2.5 Pro Experimental – Das bisher cleverste KI-Modell. https://stadt-bremerhaven.de/google-deepmind-stellt-vor-gemini-2-5-pro experimental-das-bisher-cleverste-ki-modell/ (Zugriff: 27.03.2025)

Caswell, D. (2024): Audiences, automation, and AI: From structured news to language models. In: AI magazine 45, 2024, 2, S. 174–186.

Ceccio, L. (2025): Runway Gen-4: Wie eine neue Generation KI-Modelle Bewegtbildproduktion verändert. https://onlinemarketing.de/technologie/neu-runway-gen-4-video-ki (Zugriff: 03.04.2025)

Chadha, A.; Kumar, V.; Kashyap, S.; Gupta, M. (2020): Deepfake: An Overview. In: Singh, P.K., Wierzchon, S.T.; Tanwar, S.; Ganzha, M.; Rodrigues, J.J.P.C. (Hrsg.): Proceedings of Second International Conference on Computing, Communications, and Cyber-Security. Springer, Singapur, S. 557–567.

Chen, J.; Zhu, X.; Yang, C.; Shi, C.; Xi, Y.; Zhang, Y., Wang, J.; Pu, J.; Zhang, R.; Yang, Y.; Feng, T. (2024): HOLLMWOOD: Unleashing the Creativity of Large Language Models in Screenwriting via Role Playing. In: Cornell University, arXiv: 2406.11683, S. 1–40.

Clarke, C.; Xu, J.; Zhu, Y.; Dharamshi, K.; McGill, H.; Black, S.; Lutteroth, C. (2023): Fake-Forward: using deepfake technology for feedforward learning. In: Proceedings of the 2023 CHI Conference on Human Factors in Computing Systems (CHI '23), Hamburg, 23. bis 28. April 2023, New York, U.S.A., S. 1–17.

Clayton, T. (2025): 15 Best AI Story Generators 2025. https://rigorousthemes.com/blog/best-ai-story-generators/#elementor-toc__heading-anchor-4 (Zugriff: 18.03.2025)

Coldewey, D. (2023): VFX artists show that Hollywood can use AI to create, not exploit. https://techcrunch.com/2023/08/25/vfx-artists-show-that-hollywood-can-use-ai-to-create-not-exploit/ (Zugriff: 13.04.2025)

Cuciniello, M.; Amorese, T.; Greco, C.; Carrión, Z.C.; Vogel, C.; Cordasco, G.; Esposito, A. (2024): Cultural Differences in the Assessment of Synthetic Voices. In: International Journal of Neural Systems 34, 2024, 2, S. 1–21.

Dai, S.; Liu, M.; Valle, R.; Gururani, S. (2024): ExpressiveSinger: Multilingual and Multi-Style Score-based Singing Voice Synthesis with Expressive Performance Control. In: Proceedings of the 32nd ACM International Conference on Multimedia (MM '24), Melbourne, Australien, 28 Oktober bis 1. November 2024, S. 3229–3238.

Dai, Y.; Lee, J.; Kim, J.W. (2023): AI vs. Human Voices: How Delivery Source and Narrative Format Influence the Effectiveness of Persuasion Messages. In: International Journal of Human–Computer Interaction 40, 2023, 24; S. 8735–8749.

Damer, N. (2024): Facemorphing – Interview mit Biometrie-Experten. https://www.igd.fraunhofer.de/de/forschung/kernkompetenzen/biometrie/facemorphing---interview-mit-biometrie-experten.html (Zugriff: 22.02.2025)

Davies, R.T. (2025): An update on Generative AI (Gen AI) at the BBC. https://www.bbc.co.uk/mediacentre/2025/articles/update-generative-ai-at-the-bbc (Zugriff: 15.03.2025)

Dayo, F.; Memon, A.A.; Dharejo, N. (2023): Scriptwriting in the Age of AI: Revolutionizing Storytelling with Artificial Intelligence. In: Journal of Media & Communication 4, 2023, 1, S. 24–38.

De Agostini, D. (2020): Why Deepfakes Will Make You Play Video Games Instead of Movies. https://medium.com/predict/why-deepfakes-will-make-you-play-video-games-instead-of-movies-99ee5c2d7c9e (Zugriff: 27.05.2025)

Debroy, O.; Hemmige, B. (2024): Psycho-social Impact of Deepfake Content in Entertainment Media. In: International Journal for innovation research in multidisciplinary field 10, m2024, 5, S. 233–247.

Deepbrain AI (2023): AI STUDIOS – Erstelle Videos mit with an KI-Videogenerator. https://www.aistudios.com/de (Zugriff: 06.03.2025)

Dhiman, B. (2023): Does Artificial Intelligence help Journalists: A Boon or Bane? In: Journal of Computer Science and Artificial Intelligence 5, 2023, 1, S. 1–6.

Diel, A.; Lagli, T.; Schröter, I.C.; MacDorman, K.F.; Teufel, M.; Bäuerle, A. (2024): Human performance in detecting deepfakes: A systematic review and meta-analysis of 56 papers. In: Computers in Human Behavior Reports 16, 2024, S. 1–13.

Dihan, Q.; Nihalani, B.; Tooley, A.; Elhusseiny, A.M. (2025): Eyes on Google's NotebookLM: using generative AI to create ophthalmology podcasts with a single click. In: Eye 39, 2025, S. 215–216.

Du, M.; Liu, C.; Lai, J. (2025): InstantSpeech: Instant Synchronous Text-to-Speech Synthesis for LLM-driven Voice Chatbots. In: 2025 IEEE International Conference on Acoustics, Speech and Signal Processing (ICASSP), Kothagadu, Indien, 6. bis 11. April 2025, S. 1–5.

Ebbers, F.; Karaboga, M.; Runge, G.; Friedewald, M. (2024): Ist- und Trendanalyse. In: In: Karaboga, M.; Frei, N.; Puppis, M.; Vogler, D.; Raemy, P.; Ebbers, F.; Runge, G.; Rauchfleisch, A.; de Seta, G.; Gurr, G.; Friedewald, M.; Rovelli, S. (Hrsg.): Deepfakes und manipulierte Realitäten. Technologiefolgenabschätzung und Handlungsempfehlungen für die Schweiz. Vdf, Zollikon, S. 83–124.

ElevenLabs (2024): AI-generierte Soundeffekte, die ins Ohr gehen. https://elevenlabs.io/de/blog/sound-effects-are-here (Zugriff: 08.04.2025)

Ertel, W. (2021): Grundkurs Künstliche Intelligenz – Eine praxisorientierte Einführung. Springer, Wiesbaden.

Esser, P.; Chiu, J.; Altighehchian, P.; Granskog, J.; Germanidis, A. (2023): Structure and Content-Guided Video Synthesis with Diffusion Models. In: Cornell University, arXiv: 2302.03011v1, S. 1–26.

Essien, E.O.; Kalkat, A.; Lamichhane, S. (2025): Human Artistry in an AI-Driven Film Industry: Evaluating the Role of Creativity in Hollywood VFX. In: The Journal of Communication and Media Studies 10, 2025, 1, S. 63–82.

Europäisches Parlament (2025): KI-Gesetz: erste Regulierung der künstlichen Intelligenz. https://www.europarl.europa.eu/topics/de/article/20230601STO93804/ki-gesetz-erste-regulierung-der-kunstlichen-intelligenz (Zugriff: 28.03.2024)

Faceswap (2024): Faceswap is the leading free and Open-Source multi-platform Deepfakes software. https://faceswap.dev/ (Zugriff: 23.02.2025)

Failes, I. (2023): The AI, volumetric and animation tools that helped make Pixar's 'Elemental' possible. https://beforesandafters.com/2023/06/30/the-ai-volumetric-and-animation-tools-that-helped-make-pixars-elemental-possible/ (Zugriff: 13.04.2025)

Fang, X.; Guo, K.; Kit Ng, D.T. (2024): Sudowrite: Co-Writing Creative Stories with Artificial Intelligence. In: RELC Journal 0, 2024, S. 1–5.

Flawless (2025): Video: WATCH THE SKIES – FLAWLESS BEHIND THE SCENES PROMO. https://www.youtube.com/watch?v=6grZJ3niU9E&t=171s (Zugriff: 15.04.2025)

Flow-Machine (2018): About Hello World. https://www.helloworldalbum.net/ (Zugriff: 08.04.2025)

Foley, J. (2024): Eminem's MTV Awards show featured the most convincing live deepfake we've seen. https://www.creativebloq.com/entertainment/vfx/eminems-mtv-awards-show-featured-the-most-convincing-live-deepfake-weve-seen (Zugriff: 15.04.2025)

Frotscher, F.; Siebert, S. (2025): Was Unternehmen über den AI-Act der EU wissen müssen. https://www.e-recht24.de/ki/13243-ki-verordnung.html (Zugriff: 28.03.2025)

Fuhrmann, M. (2025): „Du wirkst ungewöhnlich clever": Warum OpenAI ChatGPTs Schleimerei-Update zurückziehen musste. https://t3n.de/news/chatgpt-openai-schleimerei-update-1685212/ (Zugriff: 03.05.2025)

Gabrys, A.; Huybrechts, G.; Ribeiro, M.; Chieny, C.; Roth, J.; Comini, G.; Barra-Chicote, R.; Perz, B.; Lorenzo-Trueba, J. (2022): Voice Filter: Few-shot text-to-speech speaker adaptation using voice conversion as a post-processing module. In: 2022 IEEE International Conference on Acoustics, Speech and Signal Processing (ICASSP), Singapur, 22. bis 27. Mai 2022, S. 7902–7906.

Gao, R. (2023): AIGC Technology: Reshaping the Future of the Animation Industry. In: Highlights in Science, Engineering and Technology 56, 2023, S. 148–152.

Gerba, H. (2025): Universal Narrative Model: An Author-Centric Storytelling Framework for Generative AI. In: Cornell University, arXiv: 2503.04844v3, S. 1–8.

Gethmann, C. F.; Buxmann, P.; Distelrath, J.; Humm, B.G.; Lingner, S.; Nitsch, V.; Schmidt, J.C.; Spiecker, I. (2022): Einführung. In: Gethmann, C.F.; Quante, M..; Niehaves, B.; Schönherr, H. (Hrsg.): Künstliche Intelligenz in der Forschung – Neue Möglichkeiten und Herausforderungen für die Wissenschaft. Springer, Berlin, S. 1–10.

Gianet, E.T.; Di Caro, L.; Rapp, A. (2024): Redefining the User in Human-Generative AI Collaboration: Insights from Music Composition. In: Proceedings of the 8th International Workshop on Cultures of Participation in the Digital Age (CoPDA 2024): Differentiating and Deepening the Concept of "End User" in the Digital Age, Arenzano, Italien, 3. bis 7. Juni 2024, S. 1–6.

Gilburt, I. (2023): A machine in the loop: the peculiar intervention of artificial intelligence in writer's block. In: New Writing: The International Journal for the Practice and Theory of Creative Writing 21, 2023, 1, S. 26–37.

Goodfellow, I.J.; Pouget-Abadie, J.; Mirza, M..; Xu, B.; Warde-Farley, D.; Ozair, S.; Courville, A.; Bengio, Y. (2014): Generative adversarial nets. In: Advances in Neural Information Processing Systems 27, 2014, S. 2672–2680.

Goodfellow, I.J.; Pouget-Abadie, J.; Mirza, M..; Xu, B.; Warde-Farley, D.; Ozair, S.; Courville, A.; Bengio, Y. (2020): Generative Adversarial Networks. In: Communications of the ACM, 63, 2020, S. 139–144.

Google DeepMind (2025): Gemini. https://deepmind.google/technologies/gemini/ (Zugriff: 27.03.2025)

Google Research (2024): Lumiere – A Space-Time Diffusion Model for Video Generation. https://lumiere-video.github.io/ (Zugriff: 06.03.2025)

Govind, A.; Anzar, A.; Nair, A.; Syam, R. (2024): GenAI Empowered Script to Storyboard Generator. In: 2024 IEEE International Conference on Future Machine Learning and Data Science (FMLDS), Sydney, Australia, 20. bis 23. November 2024, S. 451–456.

Goyal, H.; Wajid,M.S.; Wajid, M.A.; Khanday, A.; Neshat, M.; Gandomi, A. (2025): State-of-the-art AI-based Learning Approaches for Deepfake Generation and Detection, Analyzing Opportunities, Threading through Pros, Cons, and Future Prospects. In: Cornell University, arXiv, S. 1–96.

Gromov, V. (2023): „KI ist nicht KI – warum eine Unterscheidung sinnvoll ist" https://www.elektronikpraxis.de/ki-ist-nicht-ki-warum-eine-unterscheidung-sinnvoll-ist-a-6cbf3436007c725566959f1f9996f5f8/ (Zugriff: 20.02.2025)

Gray, J. (2025): Swedish Movie with AI English Dubbing to Screen in the US. https://petapixel.com/2025/03/24/swedish-movie-with-ai-english-dubbing-to-screen-in-the-us/ (Zugriff: 15.04.2025)

Guajardo, J.; Bursalioglu, O.; Goldman, D. (2024): Generative AI for 2D Character Animation. In: Special Interest Group on Computer Graphics and Interactive Techniques Conference Posters (SIGGRAPH Posters'24), Denver, U.S.A., 27. Juli bis 01. August 2024, S. 1–2.

Haberkamm (2024): Künstliche Intelligenz und Persönlichkeitsrecht. https://www.lhr-law.de/thema/kuenstliche-intelligenz-und-persoenlichkeitsrecht/ (Zugriff: 30.03.2025)

Halperin, B.; Lukin, S. (2023): Envisioning Narrative Intelligence: A Creative Visual Storytelling Anthology. In: CHI '23: Proceedings of the 2023 CHI Conference on Human Factors in Computing Systems, Hamburg, 23. bis 28. April 2023, S. 1–21.

Halperin, B.; Rosner, D. (2025): 'AI is Soulless': Hollywood Film Workers Strike and Emerging Perceptions of Generative Cinema. In: ACM Transactions on Computer-Human Interaction, 2025, S. 1–26.

Harrison, L.; Amoah, J.; Rusznica, J. (2024): Sounds Daily – trialling generative AI & synthetic voices to deliver personalised audio streams. https://www.bbc.co.uk/rd/articles/2024-09-sounds-daily-personalised-radio-audio (Zugriff: 08.04.2025)

Hays, K. (2024): ByteDance has a new AI model that lets users instantly speak in another person's voice as concerns over deepfakes grow. https://www.businessinsider.com/bytedance-ai-model-speak-in-another-persons-voice-2024-1 (Zugriff: 04.04.2025)

Hegelich, S.; Hegelich, K.; Caswell, D. (2022): Künstliche Intelligenz – Herausforderungen für Medienunternehmen. In MedienWirtschaft 3, 2022, S. 6–15.

Heinrich, J. (2023): Die Top 10 der Hits, die es gar nicht gibt. https://www.ovb-heimatzeitungen.de/leben/2023/08/28/die-top-10-der-hits-die-es-gar-nicht-gibt.ovb (Zugriff: 08.04.2025)

Heinz, B; Hansel, F. (2025): Podcast: Von Deepfakes bis Dopamin: Franziska Hansel (Storybook Studios) über KI, Kreativität & Bildung. https://educouch.podigee.io/163-von-deepfakes-bis-dopamin-franziska-hansel-storybook-studios-uber-ki-kreativitat-bildung (Zugriff: 15.04.2025)

He, K.; Lapham, A.; Li, Z. (2024): Enhancing Narratives with SayMotion's text-to-3D animation and LLMs. In: SIGGRAPH Real-Time Live!, Denver, U.S.A., 27. July bis 01. August 2024, S. 1–2.

Hiatt, B. (2023): Hit Maschinen? Der chaotische Aufstieg der KI-Musik. In: Rolling Stone 9, 2023, S. 53–56.

Hildesheim, W.; Michelsen, D. (2021): Künstliche Intelligenz im Jahr 2020 – Aktueller Stand von branchenübergreifenden KI-Lösungen: Was ist möglich?, Was nicht?, Beispiele und Empfehlungen. In: Buxmann, P.; Schmidt, H. (Hrsg.): Künstliche Intelligenz. Springer, Berlin, S. 183–202.

Ho, J.; Jain, A.; Abbeel, P. (2020): Denoising Diffusion Models. In: 34th Conference on Neural Information Processing Systems (NeurIPS 2020), Vancouver, Canada, 6. bis 12. Dezember 2020, S. 1–25.

Horneber, J.; Horneber, C. (2022): Change-Kommunikation im Beteiligungskontext: Ein Überblick über Stakeholder und Kommunikationsanlässe. In: Breyer-Mayländer, T; Horneber, C. (Hrsg.): Change-Strategien für die Medienbranche, Springer, Wiesbaden, S. 163–198.

Hou, Z.; Kim, K.; Zhang, G.; Li, P. (2023): A Study on the Realization of Virtual Simulation Face Based on Artificial Intelligence. In: Journal of Information and Communication Convergence Engineering, 21, 2023, 2, S. 152–158.

Hu, P.; Jiang, J.; Chen, J.; Han, M.; Liao, S.; Chang, X.; Liang, X. (2024): StoryAgent: Customized Storytelling Video Generation via Multi-Agent Collaboration. In: Cornell Unniversity, arXiv: 2411.04925v2, S. 1–20.

Humm, B.G.; Buxmann, P.; Schmidt, J.C. (2022): Grundlagen und Anwendungen von KI. In: Gethmann, C.F.; Quante, M., Niehaves, B.; Schönherr, H. (Hrsg.): Künstliche Intelligenz in der Forschung – Neue Möglichkeiten und Herausforderungen für die Wissenschaft. Springer, Berlin, S. 13–40.

Hutchinson, A. (2024): TikTok Enables Users to Create Their Own AI Voice-over Voice. https://www.socialmediatoday.com/news/tiktok-enables-users-create-own-ai-voiceover-voice/725186/ (Zugriff: 04.04.2025)

Hwang, J.; Lee, S.; Lee, S. (2025): HiddenSinger: High-quality singing voice synthesis via neural audio codec and latent diffusion models. In: Neural Networks 181, 2025, S. 1–10.

Idrees, H. (2024): CNN vs. RNN: Understanding Their Roles in Image and Sequential Data Processing. https://medium.com/@hassaanidrees7/cnn-vs-rnn-understanding-their-roles-in-image-and-sequential-data-processing-65684cc05902 (Zugriff: 21.02.2025)

IHK (2025): Datenschutz und Künstliche Intelligenz – Darauf müssen Sie achten. https://www.ihk-muenchen.de/de/Service/Recht-und-Steuern/Datenschutz/ki/ (Zugriff: 30.03.2025)

Industrial Light & Magic (2019): The Irishman. https://www.ilm.com/vfx/the-irishman/ (Zugriff: 15.04.2025)

Ingelheim, A. (2024): Informationelle Selbstbestimmung. https://www.datenschutzexperte.de/blog/informationelle-selbstbestimmung (Zugriff: 30.03.2025)

iProov (2025): iProov Study Reveals Deepfake Blindspot: Only 0.1% of People Can Accurately Detect AI-Generated Deepfakes. https://www.iproov.com/press/study-reveals-deepfake-blindspot-detect-ai-generated-content (Zugriff: 05.03.2025)

IT-P (2024): Die Rolle der Künstlichen Intelligenz (KI) in Medien und Unterhaltung. https://www.it-p.de/blog/ki-medienlandschaft/ (Zugriff: 20.02.2025)

Janiesch, C.; Zschech, P.; Heinrich, K. (2021): Machine learning and deep learning. In: Electronic Markets 31, 2021, S. 685–695.

Ji, S.; Wu, S.; Wang, Z.; Li, S.; Zhang, K. (2025): A Comprehensive Survey on Generative AI for Video-to-Music Generation. In: Cornell University, arXiv: 2502.12489, S. 1–33.

Jorgensen, K.; Wang, H; Wang, M. (2023): From Screenplay to Screen: A Natural Language Processing Approach to Animated Film Making. In: 2023 International Conference on Computing, Networking and Communications (ICNC), Honululu, U.S.A., 20. bis 22. Februar 2023, S. 484–490.

Kaiber AI (2024): Kaiber AI Video Generation Engine – Craft Spectacular Visuals with Ease. https://kaibarai.com/ (Zugriff: 06.03.2025)

Kall, M. (2023): «Eine gefährliche Sache» – Joe Rogan wird durch KI ersetzt. https://www.lessentiel.lu/de/story/eine-gefaehrliche-sache-joe-rogan-wird-durch-ki-ersetzt-235606293766 (Zugriff: 07.04.2025)

Kamath, P.; Morreale, F.; Bagaskara, P.L.; Wei, Y.; Nanayakkara, S. (2024): Sound Designer-Generative AI Interactions: Towards Designing Creative Support Tools for Professional Sound Designers. In: CHI 2024, Honolulu, U.S.A., 11. bis 16. Mai 2024, S. 1–17.

Karaboga, M.; Frei, N.; Puppis, M.; Vogler, D.; Raemy, P.; Ebbers, F.; Runge, G.; Rauchfleisch, A.; de Seta, G.; Gurr, G.; Friedewald, M.; Rovelli, S. (2024): Deepfakes und manipulierte Realitäten. Technologiefolgenabschätzung und Handlungsempfehlungen für die Schweiz. Vdf, Zollikon.

Karras, T.; Laine, S.; Aittala, M.M.; Hellsten, J. Lethinen, J.; Aila, T. (2017): Analyzing and Improving the Image Quality of StyleGAN. In: Cornell University, arXiv: 1710.10196, S. 8110–8119.

Kietzmann, J.; Lee, L.W.; McCarthy, I.P.; Kietzmann, T.C. (2019): Deepfakes. Trick or treat? In: Business Horizons 63, 2020, S. 135–146.

Kingma, D.P.; Welling, M. (2013): Auto-Encoding Variational Bayes. In: Cornell University, arXiv: 1312.6114, S. 1–14.

Kircher, J. (2023): Internationales Urheberrecht – USA und Deutschland im Vergleich. https://hofa-college.de/blog/internationales-urheberrecht-usa-und-deutschland-im-vergleich/ (Zugriff: 30.03.2025)

KI-VO (2024): Verordnung (EU) 2024/1689 des Europäischen Parlaments und des Rates vom 13. Juni 2024 zur Festlegung harmonisierter Vorschriften für künstliche Intelligenz. http://data.europa.eu/eli/reg/2024/1689/oj (Zugriff: 28.03.2025)

Klima Campus (2025): KI und Klimaschutz: Geht das zusammen? https://klimacampus.org/ki-und-klimaschutz-geht-das-zusammen/ (Zugriff: 19.04.2025)

Krauss, P. (2023): Künstliche Intelligenz und Hirnforschung – Neuronale Netze, Deep Learning und die Zukunft der Kognition. Springer, Berlin.

Krieger-Lamina, J. (2025): KI-Content: Ein Fluch im Netz? https://www.oeaw.ac.at/news/ki-content-ein-fluch-fuer-das-netz (Zugriff: 28.03.2025)

Kühl, E. (2016): Und der Oscar geht an…. https://www.zeit.de/digital/internet/2016-06/sunspring-kurzfilm-kuenstliche-intelligenz (Zugriff: 18.03.2025)

Larsen, A.; Zhu, J. (2024): Ideary: Facilitating Electronic Music Creation with Generative AI. In: Companion Publication of the 2024 ACM Designing Interactive Systems Conference, Kopenhagen, Dänemark, 01. bis 05. Juli 2024, S. 275–278.

Laufenburg, R. (2021): Deepfake – Wenn KI Gesichter und Stimmen generiert. https://pcspezialist.de/blog/2021/04/06/deepfake/ (Zugriff: 23.02.2025)

Lawton, G. (2023): GAN versus VAE: Was ist der bessere generative KI-Ansatz? https://www.computerweekly.com/de/feature/GAN-versus-VAE-Was-ist-der-bessere-generative-KI-Ansatz (Zugriff: 21.02.2025)

Lee, P.; Ma, N.; Kim, I.; Yoon, D. (2023): Speculating on Risks of AI Clones to Selfhood and Relationships: Doppelganger-phobia, Identity Fragmentation, and Living Memories. In: Proceedings of the ACM on Human-Computer Interaction, 7, New York, April 2023, S. 1–28.

Lees, D. (2024): Deepfakes in documentary film production: images of deception in the representation of the real. In: Studies in Documentary Film 18, 2024, 2, S. 108–129.
Lernende Systeme (2023): So funktioniert Generative KI. https://www.plattform-lernende-systeme.de/so-funktioniert-generative-ki.html (Zugriff: 23.02.2025)
Levy-Landesberg, H.; Cao, X. (2025): Anchoring voices: The news anchor's voice in China from television to AI. In: Media, Culture & Society 47, 2025, 2, S. 229–251
Liang, Z.; Zhang, X.; Ma, K.; Liu, Z.; Ren, X.; Goucher-Lambert, K.; Liu, C. (2024): StoryDiffusion: How to Support UX Storyboarding With Generative-AI. In: Cornell University, arXiv: 2407.07672, S. 1–17.
Mahmud, B.U.; Sharmin, A. (2020): Deep Insights of Deepfake Technology: A Review. In: DUJASE 5, 2020, S. 13–24.
Mahon, L.; Lapata, M. (2025): ScreenWriter: Automatic Screenplay Generation and Movie Summarisation. In: The Thirteenth International Conference on Learning Representations, ICLR 2025, Singapur, 24. April 2025, S. 1–25.
Maier (2024): Effizienz, Ethik und Innovation: Strategie für künstliche Intelligenz. https://ap-verlag.de/effizienz-ethik-und-innovation-strategie-fuer-kuenstliche-intelligenz/90597/ (Zugriff: 20.02.2025)
Mainzer, K. (2019): Künstliche Intelligenz – Wann übernehmen die Maschinen? Springer, Berlin.
Malavida (2022): FakeApp. https://www.malavida.com/en/soft/fakeapp/ (Zugriff: 21.02.2025)
Marcus, M. (2023): Video: How BBC News Labs is working with Ai at Media Party Chicago 2023. https://www.youtube.com/watch?v=W7wUARRwMoU&t=512s (Zugriff: 15.03.2025)
Martina (2022): Die Geschichte und Entwicklung der elektronischen Musik (und ihrer Subgenres). https://imusician.pro/de/ressourcen/guides/geschichte-und-evolution-der-elektronischen-musik (Zugriff: 04.04.2025)
Martini, L.; La Tessa, L.; Zolezzi, D. (2024): Building Consistent Characters through Open-SourceGenerative AI. In: International Journal of Emerging Technologies in Learning 19, 2024, 8, S. 82–89.
Martin, M.; Manuel, O. (2025): Why an acting voice coach isn't angry about Adrien Brody's AI-assisted Oscar win. https://www.npr.org/2025/03/04/nx-s1-5316352/adrien-brody-best-actor-oscar-artificial-intelligence (Zugriff: 15.04.2025)
Merle. J. (2025): Rechtsatlas KI. https://www.gtai.de/de/trade/welt/recht/rechtsatlas-ki-1826664 (Zugriff: 28.03.2025)
Meta (2024): Llama 3.2: Revolutionizing edge AI and vision with open, customizable models. https://ai.meta.com/blog/llama-3-2-connect-2024-vision-edge-mobile-devices/ (Zugriff: 06.03.2025)
Metaphysic AI (2025a): Films, TV, Commercials, Music, Live https://metaphysic.ai/studios/ (Zugriff: 15.04.2025)
Metaphysic AI (2025b): Metaphysic Live – Our Neural Performance Toolset. https://metaphysic.ai/tech-and-research/ (Zugriff: 15.04.2025)
Metz, C. (2023): Instant Videos Could Represent the Next Leap in A.I. Technology. https://www.nytimes.com/2023/04/04/technology/runway-ai-videos.html (Zugriff: 06.03.2025)
Midjourney (2025): Midjourney. https://www.midjourney.com/home (Zugriff: 06.03.2025)

Milz, A. (2021): Neue Reels Feature: Voice Effects und Text-to-Speech. https://onlinemarketing.de/social-media-marketing/reels-features-voice-effects-text-to-speech (Zugriff: 04.04.2025)

Mindverse (2024): Was ist ein LoRa Modell für Stable Diffusion? https://www.mind-verse.de/post/was-ist-ein-lora-modell-fur-stable-diffusion (Zugriff: 03.04.2025)

Miranda Marcus (2024): Applied innovation with data and AI: Miranda grows interdisciplinary innovation teams to tackle complex problems with data and AI. https://www.mirandamarcus.com/ (Zugriff: 15.03.2025)

Mirowski, P.; Mathewson, K.W.; Pittman, J.; Evans, R. (2023): Co-Writing Screenplays and Theatre Scripts with Language Models An Evaluation by Industry Professionals. In: Proceedings of the 2023 CHI conference on human factors in computing systems, Hamburg, Deutschland, 23. bis 28. April 2023, S. 1–34.

Moraleda, I.J.M.; Redondo, A.H. (2023): Scriptwriting Using Generative Neural Networks. In: Proceedings of the 2nd International Conference on Humanities and Social Sciences: Fostering Global Resilience through Cross-cultural Collaboration, Porto, Portugal, 27. bis 28. November 2023, S. 229–236.

Morris, J. (2024): Artificial Audio Emerging uses of AI in Podcasting. In: The 25th Annual Conference of the Association of Internet Researchers, Sheffield, UK, 30. Oktober bis 2. November 2024, S. 1–4.

Müller-Lietzkow, J. (2020): Beyond Digital: Wie KI die Ökonomie der Medien verändert. In: Müller-Lietzkow (Hrsg.): Beyond Digital – Zeit für die globale vernetzte Echtzeitmedienwirtschaft – Zeit für neue Theorie? Band 13. Nomos, Baden-Baden, S. 209–244.

Münster, L.; Grimm, S. (2024): Update: KI-Verbot für die Nachahmung von Stimmen? – Erstes Urteil in China gefällt. https://www.roedl.de/themen/kuenstliche-intelligenz-stimmen-nachahmung-urteil-china (Zugriff: 30.03.2025)

Murf AI (2024): AI Voice Infrastructure that Powers Enterprises. https://murf.ai/ (Zugriff: 06.03.2025)

Narrative First (2025): Announcing the Universal Narrative Model: A New Era for Storytelling. https://narrativefirst.com/blog/announcing-the-universal-narrative-model-a-new-era-for-storytelling (Zugriff: 01.04.2025)

Nasiri, S.; Hashemzadeh, A. (2025): The Evolution of Disinformation from Fake News Propaganda to AI-driven Narratives as Deepfake. In: Cyberspace Studies 9, 2025, 1, S. 229–250.

Newman, N.; Cherubini, F. (2025): Journalism and Technology Trends and Predictions 2025. In: Reuters Institute for the Study of Journalism. In: Computer Vision and Image Understanding 223, 2022, S. 1–14.

New York Times Company (2024): Introducing the A.I. Initiatives Team. https://www.nytco.com/press/introducing-the-a-i-initiatives-team/ (Zugriff: 13.03.2025)

Nguyen, H. (2024): Can you trust your social media feed? UK public concerned about AI content and misinformation. https://business.yougov.com/content/49550-labelling-ai-generated-digitally-altered-content-misinformation-2024-research (Zugriff: 28.03.2025)

Nguyen, T.T.; Nguyen, Q.; Nguyen, D.T.; Nguyen, D.H.; Huynh-The, T.; Nahavandi, S.; Nguyen, T.T.; Pham, Q. (2022): Deep learning for deepfakes creation and detection: A survey. In: Computer Vision and Image Understanding 223, 2022, S. 1–14.

Nirkin, Y.; Keller, Y.; Hassner, T. (2019): FSGAN: Subject Agnostic Face Swapping and Reenactment. In: Cornell University, arXiv: 1908.05932

Nordenbrock, K. (2023): Youtube: KI übersetzt und synchronisiert Videos. https://t3n.de/news/youtube-ki-uebersetzt-synchronisiert-videos-1560724/ (Zugriff: 07.04.2025)

NotebookLM (2024): Ihr personalisierter KI-Rechercheassistent. https://notebooklm.google/ (Zugriff: 07.04.2025)

NovelAI (2025): Bring your imagination to life, without limits. https://novelai.net/ (Zugriff: 18.03.2025)

NVIDIA (2022): AI-Driven, Physics-Based Character Animation. https://www.nvidia.com/en-us/on-demand/session/gtcspring22-d4107/ (Zugriff: 12.04.2025)

NVIDIA (2023): Audio2Face 2023.2 Release Highlights. https://docs.omniverse.nvidia.com/audio2face/latest/release-notes/2023_2_highlights.html (Zugriff: 15.04.2025)

NVIDIA (2025): Audio2Face-3D Overview. https://docs.nvidia.com/ace/audio2face-3d-microservice/latest/text/getting-started/overview.html (Zugriff: 15.04.2025)

Oeke, A.; Nwosu, C.; Asogwa, J.; Dada, O. (2024): Utilization of Deepfake Technology in the Film Industry: Analysing AI-generated performances in the Hollywood film "The Irishman" and its impact on Artistic Integrity. In: Scholarly Journal of Social Sciences Research 3, 2024, 6, S. 35–51.

Oltermann, P.; Cole, D. (2024): AI-generated parody song about immigrants storms into German Top 50. https://www.theguardian.com/technology/article/2024/aug/18/artificial-intelligence-song-immigrants-germany-top-50 (Zugriff: 09.04.2025)

OpenAI (2024a): DALL-E 3. https://openai.com/index/dall-e-3/ (Zugriff: 06.03.2025)

OpenAI (2024b): Sora. https://openai.com/sora/ (Zugriff: 23.02.2025)

OpenAI (2025a): ChatGPT. https://openai.com/chatgpt/overview/ (Zugriff: 20.02.2025)

OpenAI (2025b): Introducing GPT-4.5. https://openai.com/index/introducing-gpt-4-5/ (Zugriff: 06.03.2025)

OpenAI (2025c): Creating images and videos in line with our policies. https://openai.com/policies/creating-images-and-videos-in-line-with-our-policies/ (Zugriff: 17.04.2025)

OpenAI (2025d): Pricing. https://openai.com/chatgpt/pricing/ (Zugriff: 18.04.2025)

Pahlevan, S. (2025): Music generative AI and 'The Hegelian Wound'. In: AI & Society, 2025, S. 1–3.

Panetta, F.; Burgund, H. (2019): In Event of Moon Disaster. https://docubase.mit.edu/project/in-event-of-moon-disaster/ (Zugriff: 15.04.2025)

Pardeshi, A.S.; Mude, P.D. (2024): Animating Intelligence: Impact Of AI & Machine Learning Revolution In Animation. In: International Journal of Creative Research Thoughts 12, 2024, 5, S. 784–797.

Park, H.; Jung, M.; Rakhmonov, S.; Kim, S. (2024): Ourmuse: Plot-Specific AI Music Generation for Video Advertising. In: 2024 IEEE International Conference on Big Data (Big Data), Washington DC, U.S.A., 15. bis 18. Dezember 2024, S. 3200–3203.

Pawelec, M.; Bieß, C. (2021): Deepfakes – Technikfolgen und Regulierungsfragen aus ethischer und sozialwissenschaftlicher Perspektive. In: Filipović, A.; Schicha, C.; Stapf, I. (Hrsg.): Kommunikations- und Medienethik, Band 16, Nomos, Baden-Baden.

Peterson, J. (2025): I Tried Prime Video's New AI Dubbing, and I Have Thoughts. https://lifehacker.com/tech/prime-video-ai-dubbing-beta (Zugriff: 08.04.2025)

Pika Additions (2025): Transform Your Videos with Seamless AI Magic. https://pikartai.com/pikaddition/ (Zugriff: 12.04.2025)

Pika AI (2025): Pika Labs 2.2: The Future of AI-Driven Video Generation. https://pikartai.com/pika-2-2/ (Zugriff: 12.04.2025)

Pika Art (2025): About Us. https://pika.art/about (Zugriff: 12.04.2025)
Pika Frames (2025): Transform Images into Seamless AI-Generated Video. shttps://pikartai.com/pikaframes/ (Zugriff: 12.04.2025)
Pika Swaps (2025): Modify and Change Objects in Videos Using Video Inpainting. https://pikartai.com/pikaswaps/ (Zugriff: 12.04.2025)
Pika Twist (2025): Add a Twist to Your Videos with Pikatwists. https://pikartai.com/pikatwists/ (Zugriff: 12.04.2025)
Pocol, A.; Istead, L.; Siu, S.; Mokharti, S.; Kodeiri, S. (2023): Seeing is No Longer Believing: A Survey on the State of Deepfakes, AI-Generated Humans, and Other Nonveridical Media. In: Sheng, B.; Bi, L.; Kim, J.; Magnenat-Thalmann, N.; Thalmann, D. (Hrsg.): Advances in Computer Graphics. 40th Computer Graphics International Conference, Shanghai, 28. August bis 1. September 2023, S. 427–440.
Pörksen, B. (2023): Interview: Wie KI unser Vertrauen in Medien zerrüttet. https://www.zdf.de/nachrichten/wissen/ki-deepfake-desinformation-gesellschaft-bernhard-poerksen-100.html (Zugriff: 20.04.2025)
Porter, M.E. (1986): Wettbewerbsvorteile: Spitzenleistungen erreichen und behaupten. Campus, Frankfurt am Main.
Pulver, A. (2025): The Brutalist and Emilia Perez's voice-cloning controversies make AI the new awards season battleground. https://www.theguardian.com/film/2025/jan/20/the-brutalist-and-emilia-perezs-voice-cloning-controversies-make-ai-the-new-awards-season-battleground (Zugriff: 15.04.2025)
Qui, S. (2023): Generative AI Processes for 2D Platformer Game Character Design and Animation. In: Proceedings of the 2nd International Conference on Interdisciplinary Humanities and Communication Studies, 15. November 2023, S. 146–160.
Quinonez, C.; Meij, E. (2024): A new era of AI-assisted journalism at Bloomberg (Quinonez 2024 A new era of AI-assisted journalism at Bloomberg. In: AI magazine 45, 2024, 2, S. 187–199.
Quiring, O.; Ziegele, M.; Schultz, T.; Fawzi, N.; Jackob, N.; Jakobs, I.; Schemer, C.; Stegmann, D.; Viehmann, C. (2024): Mainzer Langzeitstudie Medienvertrauen 2023 – Zurück zum Niveau vor der Pandemie – Konsolidierung von Vertrauen und Misstrauen. In: Media Perspektiven 9, 2024, S. 1–14.
Raemy, P.; Puppis, M.; Gurr, G. (2024): Deepfakes im Journalismus. In: In: Karaboga, M.; Frei, N.; Puppis, M.; Vogler, D.; Raemy, P.; Ebbers, F.; Runge, G.; Rauchfleisch, A.; de Seta, G.; Gurr, G.; Friedewald, M.; Rovelli, S. (Hrsg.): Deepfakes und manipulierte Realitäten. Technologiefolgenabschätzung und Handlungsempfehlungen für die Schweiz. Vdf, Zollikon, S. 205–252.
Rao, A.; Chou, J.; Agrawala, M. (2024): ScriptViz: A Visualization Tool to Aid Scriptwriting based on a Large Movie Database. The 37th Annual ACM Symposium on User Interface Software and Technology (UIST '24), Pittsburgh, U.S.A., 13. bis 16. Oktober 2024, S. 1–13.
Raschka, S. (2023): Understanding and Coding the Self-Attention Mechanism of Large Language Models From Scratch. https://sebastianraschka.com/blog/2023/self-attention-from-scratch.html (Zugriff: 21.02.2025)
Ravitz, J. (2013): 'I'm the original voice of Siri'. https://edition.cnn.com/2013/10/04/tech/mobile/bennett-siri-iphone-voice/index.html (Zugriff: 06.04.2025)

RedaktionsNetzwerk Deutschland (2025): Mit KI gegen ALS: TV-Reporter feiert beeindruckendes Comeback. https://www.rnd.de/politik/mit-ki-gegen-als-israelischer-tv-reporter-feiert-beeindruckendes-comeback-KUK435ZQDRCZ3ELMS5BQSSGQWA.html (Zugriff: 15.04.2025)

Rixecker, K. (2023): Midjourney, Dall-E, Stable Diffusion: Was ist der beste KI-Bildgenerator? https://t3n.de/news/midjourney-dall-e-stable-diffusion-bild-ki-bildgenerator-1587907/ (Zugriff: 03.03.2025)

Rodero, E.; Lucas, I. (2023): Synthetic versus human voices in audiobooks: The human emotional intimacy effect. In: New Media & Society 25, 2023, 7, S. 1746–1764.

Rogin, A.; Corkery, A. (2023): Why artificial intelligence is a central dispute in the Hollywood strikes. https://www.pbs.org/newshour/show/why-artificial-intelligence-is-a-central-dispute-in-the-hollywood-strikes (Zugriff: 18.03.2025)

Rolando (2021): Wordsmith: AI-powered Narratives in Human-Friendly Prose. https://d3.harvard.edu/platform-digit/submission/wordsmith-ai-powered-narratives-in-human-friendly-prose/ (Zugriff: 18.02.2025)

Roxborough, S. (2025): 'The Brutalist' Director Brady Corbet Responds to AI Backlash. https://www.hollywoodreporter.com/movies/movie-news/the-brutalist-ai-backlash-adrien-brody-1236113015/ (Zugriff: 15.04.2025)

Runway (2024): Introducing Gen-3 Alpha: A New Frontier for Video Generation. https://runwayml.com/research/introducing-gen-3-alpha (Zugriff: 23.02.2025)

Runway (2025a): Introducing Runway Gen-4. https://runwayml.com/research/introducing-runway-gen-4 (Zugriff: 03.04.2025)

Runway (2025b): Video: The Lovely little Flame – Gen-4. https://www.youtube.com/watch?v=c8IBmK7GZP8 (Zugriff: 03.04.2025)

Runway (2025c): Video: The Retrieval – Gen-4. https://www.youtube.com/watch?v=9HzdNhOe09I (Zugriff: 03.04.2025)

Runway (2025d): Scimmia Vede – Gen-4. https://www.youtube.com/watch?v=ENGKp5wn344&t=7s (Zugriff: 03.04.2025)

Saenz, A. (2011): AI Journalist Writes Sports and Now Everything Else. StatSheet Raises $4M, Changes Name and Focus. https://singularityhub.com/2011/09/19/ai-journalist-writes-sports-and-now-everything-else-statsheet-raises-4m-changes-name-and-focus/ (Zugriff: 18.02.1025)

Safar, M. (2022): Was ist Machine Learning? https://weissenberg-group.de/was-ist-machine-learning/ (Zugriff: 20.02.2025)

Sajid, H. (2023): Diffusionsmodelle in der KI – alles, was Sie wissen müssen. https://www.unite.ai/de/diffusion-models-in-ai-everything-you-need-to-know/ (Zugriff: 21.02.2025)

Samuel-Okon, A.; Akinola, O.; Olaniyi, O.; Olateju, O.; Ajayi, S. (2024): Assessing the Effectiveness of Network Security Tools in Mitigating the Impact of Deepfakes AI on Public Trust in Media. In: Archives of Current Research International 24, 2024, 6, S. 355–375.

Savage, M. (2025): BBC News to create AI department to offer more personalized content. https://www.theguardian.com/media/2025/mar/06/bbc-news-ai-artificial-intelligence-department-personalised-content (Zugriff:13.03.2025)

Seidel, J. (2023): Tony, der KI-Moderator. https://reportage.wdr.de/wie-mithilfe-von-kuenstlicher-intelligenz-ein-virtueller-moderator-entsteht (Zugriff: 15.04.2025)

Schanke, S.; Burtch, G.; Ray, G. (2024): Digital Lyrebirds: Experimental Evidence that Voice-based Deep Fakes Influence Trust. In: Management Science 2024, S. 1–44.

Scheuer, S. (2023): KI steht vor Durchbruch in der Video-Produktion. https://www.handelsblatt.com/technik/ki/kuenstliche-intelligenz-ki-steht-vor-durchbruch-in-der-video-produktion/29411516.html (Zugriff: 03.04.2025)

Schiffer, C. (2018): Dieses Obama-Video erschreckt gerade das Internet. https://www.br.de/nachrichten/netzwelt/dieses-obama-video-erschreckt-gerade-das-internet,Qpfp89E (Zugriff: 27.02.2025)

Schmidt, A. (2023): KI in der Medienbranche: Content-Erstellung, Mediendesign und Produktion. In: MedienWirtschaft 1, 2023, S. 65–73.

Schreiner, M. (2022): Deepfakes: Wie alles begann – und wohin es führen könnte. https://mixed.de/geschichte-der-deepfakes-so-rasant-geht-es-mit-ki-fakes-voran/ (Zugriff: 23.02.2025)

Schulz, C. (2024): Das VRIO Framework – Wettbewerbsvorteile erkennen & ausbauen. https://www.consulting-life.de/vrio-framework/ (Zugriff: 18.04.2025)

Schwarze, M. (2025): Open AI bringt Video-KI Sora nach Europa. https://www.faz.net/pro/digitalwirtschaft/kuenstliche-intelligenz/open-ai-bringt-video-ki-sora-nach-europa-110325485.html (Zugriff: 06.03.2025)

Shen, T.; Liu, R.; Bai, J.; Li, Z. (2018): "Deep Fakes" using Generative Adversarial Networks (GAN). In: Noiselab, University of California, 2018, S. 1–9.

Sherlock, B. (2024): Here's De-Aging Technology Explained: How The Movie Made Tom Hanks & Rob-in Wright Look Younger. https://screenrant.com/here-movie-deage-technology-ai-explained/ (Zugriff: 15.04.2025)

Singh, H.; Kaur, K.; Nahak, F.; Singh, S.; Kumar, S. (2023): Deepfake as an Artificial Intelligence tool for VFX Films. In: 7th International Conference on Computation System and Information Technology for Sustainable Solutions, Bangalore, Indien, 2. bis 4. November 2023, S. 1–5.

Sohl-Dickstein, J.; Weiss, E.A.; Maheswaranathan, N.; Gangulli, S. (2015): Deep Unsupervised Learning using Nonequilibrium Thermodynamics. In: Proceedings of the 32nd International Conference on Machine Learning, Lille, France, 7. bis 9. Juli 2015, S. 1–10.

Sommer, R. (2025): Neue Satire-Show auf ProSieben: „Fake News – Alles erstunken und erlogen". https://www.prisma.de/news/tv/Fake-News-Alles-erstunken-und-erlogen-Kritik-zur-neuen-Satiresendung-mit-Katrin-Bauerfeind,50991775 (Zugriff: 15.04.2025)

Spies, A. (2024): USA: Neues KI-Transparenzgesetz in Kalifornien. https://rsw.beck.de/aktuell/daily/meldung/detail/spies-usa-neues-ki-transparenzgesetz-kalifornien

Spotify (2022): Spotify to Acquire Sonantic, an AI Voice Platform. https://newsroom.spotify.com/2022-06-13/spotify-to-acquire-sonantic-an-ai-voice-platform/ (Zugriff: 06.03.2025)

Stability AI (2024): James Cameron, Academy Award-Winning Filmmaker, Joins Stability AI Board of Directors. https://stability.ai/news/james-cameron-joins-stability-ai-board-of-directors (Zugriff: 13.04.2025)

Starke, P.; Starke, S.; Komura, T.; Steinecke, F. (2023): Motion In-Betweening with Phase Manifolds. In: Proceedings of the ACM on Computer Graphics and Interactive Techniques 6, 2023, 3, 37, S. 1–17.

Statista (2023a): Report: Chatbot-Revolution durch ChatGPT. https://de.statista.com/statistik/studie/id/134940/dokument/chatbot-revolution-durch-chatgpt/ (Zugriff: 20.02.2025)

Statista (2023b): Welche der folgenden Aussagen zu Deepfakes trifft auf Sie bzw. Ihrer Meinung nach zu? https://de.statista.com/statistik/daten/studie/1417482/umfrage/umfrage-zu-meinung-von-deepfakes/ (Zugriff: 20.04.2025)

Statista (2025a): Edelman Trust Barometer: Vertrauen in Medien nach Quelle weltweit in den Jahren 2011 bis 2024. https://de.statista.com/statistik/daten/studie/1457728/umfrage/vertrauen-in-medien-nach-quelle-weltweit/ (Zugriff: 20.04.2025)

Statista (2025b): Edelman Trust Barometer: Vertrauen in die Medien als Institution weltweit nach Ländern im Jahr 2024. https://de.statista.com/statistik/daten/studie/959693/umfrage/vertrauen-in-die-medien-weltweit-nach-laendern/(Zugriff: 20.04.2025)

Sudowrite (2024): Try the AI writing tool with unparalleled story smarts. https://sudowrite.com/ (Zugriff: 18.03.2025)

Suno (2025): Create a xxx song about xxx. https://suno.com/home (Zugriff: 09.04.2025)

Suwajanakorn, S.; Seitz, S.M.; Kemelmacher-Shlizerman, I. (2017): Synthesizing Obama: Learning Lip Sync from Audio. In: ACM Transactions on Graphics, 36, 4, S. 1–13.

Tang, M.; Chen, Y. (2024): AI and animated character design: efficiency, creativity, interactivity. In: The Frontiers of Society, Science and Technology 6, 2024, 1, S. 117–123.

Tang, Yunlong; Guo, J.; Liu, P.; Wang, Z.; Hua, H.; J. Zhong; Xiao, Y.; Huang, C.; Song, K L.; Liang, S.; Song, Y.; He, L.; Bi, J.; Feng, M.; Li, X.; Zhang, Z.; Xu, C. (2025): Generative AI for Cel-Animation: A Survey. In: Cornell University, arXiv: 2501.06250, S. 1–20.

Tang, Yuying; Li, H.; Lan, M.; Ma, X.; Qu, H. (2025): Understanding Screenwriters' Practices, Attitudes, and Future – Expectations in Human-AI Co-Creation. In: Cornell University, arXiv:2502.16153, S. 1–18.

Tani, M. (2025): New York Times goes all-in on internal AI tools. https://www.semafor.com/article/02/16/2025/new-york-times-goes-all-in-on-internal-ai-tools (Zugriff: 15.03.2025)

Tanveer, M.; Zhou, Y.; Niklaus, S.; Amiri, A.; Zhang, H.; Singh, K.K.; Zhao, N. (2025): MotionBridge: Dynamic Video Inbetweening with Flexible Controls. In: Cornell University, arXiv: 2412.13190v3, S. 1–10.

Taylor, L. (2024): Tune in to tomorrow: AI-driven podcasting and its Possibilities. In: Public Services Quaterly 20, 2024, 1, S. 46–53.

Totlani, K. (2023): The Evolution of Generative AI: Implications for the Media and Film Industry. In: International Journal for Research in Applied Science & Engineering Technology 11. 2023, X, S. 972–980.

Techcrunch (2011): StatSheet Changes Name To Automated Insights, Scores $4 Million. https://techcrunch.com/2011/09/12/statsheet-changes-name-to-automated-insights-lands-4-million/ (Zugriff: 18.02.2025)

Thomas, S. (2024): "Somebodies" and "Nobodies": Generative AI and Audiovisual Performer Labor. In: The Velvet Light Trap 94, 2024, S. 64–75.

Thomson Reuters (2021): Thomson Reuters brings the human touch to artificial intelligence. https://legalsolutions.thomsonreuters.co.uk/en/trends-insights/articles/thomson-reuters-brings-the-human-touch-to-artificial-intelligence.html (Zugriff: 12.03.2025)

Thomson Reuters (2023): Artificial Intelligence and Thomson Reuters Labs. https://www.thomsonreuters.com/en/artificial-intelligence/ai-overview (Zugriff: 12.03.2025)

Thomson Reuters (2024): Our AI timeline. https://www.thomsonreuters.com/en/artificial-intelligence/ai-timeline (Zugriff:19.02.2025)

Udio (2025): Song Builder. https://www.udio.com/song-builder (Zugriff: 09.04.2025)

Universal Narrative Model (2025): UNM. https://github.com/narrative-first/universal-narrative-model (Zugriff: 01.04.2025)

U.S. Copyright Office (2025): Copyright Office Releases Part 2 of Artificial Intelligence Report. https://www.copyright.gov/newsnet/2025/1060.html (Zugriff: 30.03.2025)

Van Dalen, A. (2012): The Algorithms behind the Headlines – How machine-written news redefine the core skills of human journalists. In: Journalism Practice 6, 2012, S. 648–658.

Van Huijstee, M.; Van Boheemen, P.; Das, D.; Nierling, L.; Jahnel, J.; Karaboga, M.; Fatun, M. (2021): Tackling deepfakes in European policy. Study: Panel for the Future of Science and Technology, European Parliamentary Research Service. https://www.europarl.europa.eu/thinktank/en/document/EPRS_STU(2021)690039 (Zugriff: 28.02.2025)

Vaswani, A.; Shazeer, N.; Parmar, N. Uszkoreit, J.; Jones, L.; Gomez, A.; Kaiser, L.; Polosukhin, I. (2017): Attention is All You Need. In: 31st Conference on Neural Information Processing Systems (NIPS 2017), Long Beach, USA, 4. bis 9. Dezember 2017, S. 1–15.

von Rimscha, M. B.; Ehrlich, G.; Siegert, G. (2025): Medienökonomie: Eine Einführung mit Leitfragen. Springer, Wiesbaden.

WBS (2019): Das Allgemeine Persönlichkeitsrecht – Wie kann ich mich schützen? https://www.wbs.legal/medienrecht/persoenlichkeitsrecht/ (Zugriff: 30.03.2025)

Wang, L.; Li, Y.; Chen, Z.; Wang, J.H..; Zhang, Z.; Zhang, H.; Lin, Z; Chen, Y. (2025): TransPixeler: Advancing Text-to-Video Generation with Transparency. In: Cornell University, arXiv:2501.03006, S. 1–14.

Wang, X.; Wang Y.; Tsutsui, S.; Lin, W.; Wen, B.; Kot, A. (2024): Evolving Storytelling: Benchmarks and Methods for New Character Customization with Diffusion Models. In: Proceedings of the 32nd ACM International Conference on Multimedia, Melbourne, Australia, 28. Oktober bis 1. November 2024, S. 3751–3760.

Wang, X.; Zhou, B.; Curless, B.; Kemelmacher-Shlizerman, I.; Holynski, A.; Seitz, S. (2025): Generative Inbetweening: Adapting Image-to-Video Diffusion Models for Keyframe Interpolation. In: The Thirteenth International Conference on Learning Representations, Singapur, 24. April 2025, S. 1–16.

Wang, Z.; Chen, Y.; Xinsheng, W.; Chen, Z.; Xie, L.; Wang, Y.; Wang, Y. (2024): StreamVoice: Streamable Context-Aware Language Modeling for Real-time Zero-Shot Voice Conversion. In: Cornell University, arXiv: 2401.11053v1

WCG (2023): PESTEL-Analyse. https://www.wcg.de/glossar/pestel-analyse/ (Zugriff: 19.04.2025)

Weber, V. (2024): Midjourney – was das ist und wofür es gut ist. https://www.victoriaweber.de/blog/midjourney (Zugriff: 06.03.2025)

Wecke, B. (2024): Wachstum durch den Einsatz von Generativer KI – Funktionsweise und Anwendungsgebiete im Marketing. Springer, Wiesbaden.

Wei, C.; Hung, L.; Gao, S.; Chen, Y.; Tseng, S. (2024): Personalized Audiobook Generation Using Voice Cloning and Text-to-Speech Synthesis. In: 2024 International Conference on Orange Technology (ICOT), Tainan, Taiwan, 15. bis 18. Dezember 2024, S. 1–4.

Wei, C.: Sun, B.; Ma, H.; Hou, J.; Juefei-Xu, F.; He, Z.; Dai, X.; Zhang, L.; Li, K.; Hou, T.; Sinha, A.; Vajda, P.; Chen, W. (2025): MoCha: Towards Movie-Grade Talking Character Synthesis. In: Cornell University, arXiv: 2503.23307v1, S: 1–12.

Wei, J.; Wang, X.; Schuurmans, D.; Bosma, M.; Xia, F.; Chi, E.; Le, Q.V.; Zhou, D. (2022): Chain-of-Thought Prompting Elicits Reasoning in Large Language Models. In: Proceedings of the 36th International Conference on Neural Information Processing Systems, New Orleans, 28. November – 9. Dezemebr 2022, Advances in neural information processing systems 35, S. 24824–24837.

Wel, M. (2024): The Psychological Effects of AI Clones and Deepfakes. https://www.psychologytoday.com/us/blog/urban-survival/202401/the-psychological-effects-of-ai-clones-and-deepfakes (Zugriff: 20.04.2025)

Weßels, D. (2022): ChatGPT – ein Meilenstein der KI-Entwicklung. https://www.forschung-und-lehre.de/lehre/chatgpt-ein-meilenstein-der-ki-entwicklung-5271 (Zugriff: 28.01.2025)

WGAW (2024): Artificial Intelligence – Know Your Rights. https://www.wga.org/contracts/know-your-rights/artificial-intelligence (Zugriff: 18.03.2025)

Willbold, K; Eisenbeis, U.; Ciepluch, M. (2023): Einsatzgebiete und Anwendungsfälle von Künstlicher Intelligenz in der Wertschöpfungskette der zehn größten Medienunternehmen Deutschlands. In: Haumer, F.; Kolo, C.; Mütterlein, J. (Hrsg.): Reorganization of Media Industries: Digital Transformation, Entrepreneurship and Regulation, München, S. 1–24.

Wille, J. (2025): Sparsame KI, stärkere Nutzung. https://www.klimareporter.de/technik/sparsame-ki-staerkere-nutzung (Zugriff: 19.04.2025)

Wilson, M; Barlow, G. (2025): Suno explained: How to use the viral AI song generator for free. https://www.techradar.com/computing/artificial-intelligence/what-is-suno-ai (Zugriff: 09.04.2025)

Wirtz, B. (2023): Medien- und Internetmanagement. Springer, Wiesbaden.

Wu, W.; Zhu, Z.; Shou, M.Z. (2025): Automated Movie Generation via Multi-Agent CoT Planning. In: Cornell University, arXiv: 2503.07314, S. 1–15.

Xian, D.H.; Sahagun, J. (2023): An Automated Generation from Video to 3D Character Animation using Artificial Intelligence and Pose Estimation. In: Computer Science & Information Technology2023, S. 25–32.

Yan, Z.; Yang, C. Liang, Q.; Chen, X. (2023): XCreation: A Graph-Based Crossmodal Generative Creativity Support Tool. In: UIST ’23: Proceedings of the 36th Annual ACM Symposium on User Interface Software and Technology, San Francisco, U.S.A., 29. Oktober bis 1. November 2023, S. 1–15.

Yang, D.; Zhan, C.; Wang, B.; Ge, T.; Zheng, B.; Jin, Q. (2024): Synchronized Video Storytelling: Generating Video Narrations with Structured Storyline. In: Cornell University, arXiv: 2405.14040v2, S. 1–15.

Ye, Z.; Xue, W.; Tan, X.; Chen, J.; Liu, Q.; Guo, Y. (2023): CoMoSpeech: One-Step Speech and Singing Voice Synthesis via Consistency Model. In: Proceedings of the 31st ACM International Conference on Multimedia (MM ’23), Ottawa, Kanada, 29. October bis 3. November 2023, ACM New York, U.S.A. S. 1831–1839.

Yeung, W.; Dodds, T. (2024): Automated Journalism. In: Cornell University, arXiv: 2409.03462v1

Yuanling, W.; Zhe, Z. (2024): Integration effect of artificial intelligence and traditional animation creation technology. In: Journal of Intelligent Systems 33, 2024, S. 1–14.

Zaubar (2025): Pose Estimation. https://about.zaubar.com/de/xr-ki-lexikon/pose-estimation (Zugriff: 12.04.2025)

Zhang, Y.; Cong, J.; Xue, H.; Xie, L.; Zhu, P.; Bi, B. (2022): VISinger: Variational Inference with Adversarial Learning for End-to-End Singing Voice Synthesis. In: ICASSP 2022 IEEE International Conference on Acoustics, Speech and Signal Processing, Singapur, 22. bis 27. Mai 2022, S. 7237–7241.

Zhang, J.; Yan, H.; Xu, Z.; Feng, J.; Liew, J.H. (2023): MagicAvatar: Multimodal Avatar Generation and Animation. In: Cornell University, arXiv: 2308.14748v1, S. 1–5.

Zhang, M.; Wang, Z.; Chen, L.; Liu, K.; Lin, J. (2024): Dialogue Director: Bridging the Gap in Dialogue Visualization for Multimodal Storytelling. In: Cornell University, arXiv: 2412.20725v1, S. 1–7.

Zhu, Z.; Tang, J. (2024): CogCartoon: Towards Practical Story Visualization. In: International Journal of Computer Vision 133, 2025, S. 1808–1833.

Kolibri 360 GmbH
Ferdinand-Jühlke-Straße 7
99095 Erfurt, Deutschland
produktsicherheit@kolibri360.de